언어가

삶이

될 때

언어가 삶이 될 때

낯선 세계를
용기 있게 여행하는 법

김미소 에세이

한겨레출판

이 책은 미국에서 영어를 가르치며 박사과정을 마쳤고, 지금은 일본 대학교에서 영어를 가르치고 있는, 이삼십 대 여자 한국인 교수의 기록입니다. 언어를 배우고 가르치고 쓴다는 게 도대체 무엇인지를 고민하며 써내려 간 글의 모음입니다.

이 책은 여러 겹의 경계에 서서 썼습니다. 저는 영어 교수자인 동시에 일본어 학습자입니다. 영어 비원어민이지만 미국 대학교에서 영어를 가르쳤고, 현재는 일본 대학교에서 영어를 가르치고 있습니다. 대학교 교수라고 적힌 명함과 신분증을 갖고 있긴 하지만 이십 대의 젊은 나이에 임용되어 근무를 시작해서, 저를 만나는 사람은 물론 저 자신도 제가 교수라고 쉽게 인식하지 못합니다. 이십 대를 한국, 미국, 일본에서 보내면서 '나는 어디에 속해 있는 걸까?' 하는 의문에 항상 시달렸습니다. 한국 사회에서 '다문화가정'이라는 말이 자리 잡기도 전에 아버지의 재혼으로 베트남 출신 새어머니(이 책에서는 쭉 '베트남 언니'라고 부릅니다)와 함께 다문화가정에서 십 대와 이십 대 초반을 보냈고, '학교 밖 청소년'이라는 말이 생기기도 전에 정규교육에서 이탈해 학교에 다니지 않는 청소년으로 일 년을 보냈습니다. 어디에도 완벽히 속하지 않는 상황들이 하나하나 쌓이다 보니 지금의 자리에 서 있게 되었습니다.

"이렇게 하면 성공할 수 있다!" 같은 이야기를 하려는 것은 아닙니다. "외국어? 그거 그냥 닥치고 외우면 되는 거 아니야?" "해외 생활? 그거 그냥 죽어라 스펙 쌓아서 해외로 나가면 되는 거 아니야?" 같은 말을 하려는 것도 아닙니다. 오히려 반대입니다. 외국어 공부도 해외 생활도 경계를 넘어다니는 일입니다. 편안한 모국어의 품을 떠나서, 낯선 단어와 음성 사이를 헤엄치며, 뭔든지 떠 있는 것을 잡아서 수면 위로 올랐다가 또다시 가라앉고 좌절하기를 수없이 반복하는 과정입니다. 가족과 친구가 있고 나의 사회적 기반이 탄탄히 자리 잡고 있는 모국을 떠나, 아무도 나를 모르는 곳에서 낯선 외국어로 새롭게 나 자신을 처음부터 빚어가야 합니다.

새 나라에서 새 언어로 삶을 꾸려나가며, 응용언어학 박사, 일본 대학의 교수, 비원어민 영어 교수자, 일본어 학습자, 90년대생 여성 등 여러 가지 위치에 서볼 수 있었습니다. 덕분에 응용언어학 박사의 눈으로 일본어 학습자로서의 제 경험을 볼 수 있었고, 영어에 능통한 대학교 교수가 현지어를 거의 하지 못하는 90년대생 여성일 때 어떤 일이 일어나는지도 경험할 수 있었습니다. 제가 연구자로서 알고 있는 전문지식과, 언어 학습자 및 외국인으로서 살아가는 경험이 교차하는 지점을 재료로 삼아 이 책을 썼습니다.

책을 쓰면서 한 가지 사실을 깨달았습니다. 외국어 학습은 책 속의 지식을 단순히 뇌 안으로 가져오는 작업이 아니라, 몸으로 살아내는 과정이라는 걸요. 언어는 나와 세계를 관계 맺어 줍니다. '어떻게 하면 외국어를 잘할 수 있을까?'보다, '나는 이 언어와 어떤 관계를 맺어가고 싶지?' '지금 내 외국어 자아는 어떤 모습이고, 앞으로 어떻게 가꿔나가고 싶지?' '나는 이 언어를 통해 앞으로 어떤 경험을 쌓아가고 싶지?' 같은 질문을 여러분과 함께 고민하고 싶습니다.

차례

언어가 내게 알려준 것들

지속 가능한 영어 공부

내가 언어를 만났을 때

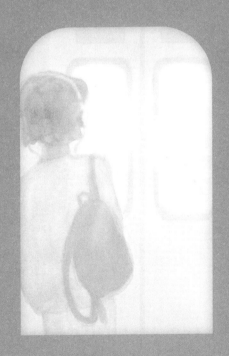

세계화는 끝과 끝에서 1

2019년 가을, '경계를 넘는 글쓰기 교육(Writing Education Across Borders)' 학회에 참여하던 중, 미국 중서부의 대학교에 재직하고 있는 같은 과 선배를 만나게 되었다. 미국인인데도 한국에 대해 자세하게 잘 알고 있길래 왜일까 싶었는데, 인천 송도에도 선배가 일하는 학교의 캠퍼스가 있다고 했다. 선배도 송도 캠퍼스에서 몇 년간 일하다 돌아왔다고.

선배는 송도와 안산의 세계화를 극명히 대조해서 이야기했다. 국제 비즈니스 센터 및 여러 해외 대학교의 캠퍼스를 끌어당기는 송도, 세계 각지의 외국인 노동자를 끌어당기는 안산. 송도의 세계화는 해외 법인, 해외 대학교의 국내 캠퍼스, 유학생, 국제 업무지구 등의 화려한 이름으로 대표된다. 반면 안산의 세계화는 외국인 노동자, 공장, 저임금 같은 단어와 연결된다. 세계화는 양극단에서 진행되고, 그 둘은 만나지 않는다. 선배의 말이 이상하게 계속 마음에 남았다. 미국인인 선배의 눈에도 한국에서 일어나는 양극단의 세계화가 분명하게 보였다니.

스물여덟 살이 다 되어서야 깨달았다. 양극단의 세계화가 이상하게도 계속 신경 쓰였던 건 바로 우리 집에서 그 일이 일어났기 때문이라고. 2000년 즈음, 농촌 청년 장가 보내기의 일환으로 동남아시아 국제결혼이 시작되고 있었다. 열 살이었는지 열한 살이었는지 잘 기억나지 않는다. 어느 날 이혼한 아빠가 나와 오빠를 불러놓고 국제결혼을 하면 어떻겠냐고 물어보던 말. 국제결혼의 명과 암을 다루는 다큐멘터리를 신문 편성표에서 찾아놓고 시간을 맞춰서 함께 보던 순간. 컴퓨터를 거의 다루지 못하던 아빠가 갖은 애를 써서 커다란 모니터에 어떤 여자의 사진을 하나 띄워놓고 이 사람은 어떻겠냐고 물어보던 기억. 몸에 붙는 전통의상을 입은, 쌍꺼풀이 짙은 긴 흑발의 여자가 옆을 보며 웃고 있는 사진. 외국인을 보기 어려운 동네에 살았던 터라 어색함을 감출 수가 없던 나. 여러 장면이 휙휙 지나갔다. 오래된 사진을 넘기는 것처럼.

그로부터 몇 개월마다 새로운 일이 일어났다. 초등학생, 중학생이던 나와 오빠를 고모 집에 맡기고 베트남으로 갔던 아빠. 무언가를 처리하러 서울로 갔던 아빠. 가사를 도와주는 분을 불러서 우리를 맡겨놓고 또 베트남으로 갔던 아빠. 몇 개월이 몇 번 더 지나갔을까, 아빠는 파란색 1톤 포터 트럭을 타고 인천공항에 가

더니 하루 종일 달려서 사진 속의 흑발 여자를 집으로 데려왔다. 그 여자는 당시 이십 대 초반이었고 나는 초등학생, 오빠는 중학생이었다. 합창부 대회에서 입었던 하얀색 카라 티셔츠와 치마를 차려입고 색종이를 오려 만든 플래카드를 집 안에 걸어놓고서 그 여자를 반겼다. 백 원짜리 밋밋한 색종이가 아니라 오백 원짜리 반짝이는 색종이였다. 초등학생 아이로서는 최선의 마음을 담은 셈이다. 아이는 아이의 방식으로 새 식구를 환대했다.

아이는 아이의 방식으로 자라야 하지만 가끔 성인의 생활 세계에 빨려 들어가기도 한다. 이민자 가정의 경우 부모보다 아이가 현지 언어에 더 능숙한 경우가 있다. 그런 경우 아이가 집의 통역사가 되는데, 이를 '언어 중개인(language broker)'이라고 한다. 아이가 현지 언어를 더 잘할 수는 있어도 법, 보험, 계약, 의료 등의 분야에 쓰이는 어른의 언어는 잘 알지 못한다. 언어 중개인이 된 아이는 둘 다에 억지로라도 익숙해질 수밖에 없다. 겨우 중학생 정도의 아이가 가족의 명운을 건 통역사가 되는 셈이다.

논문 속에서 만난 이 개념이 다른 사람 이야기가 아니고 내 이야기였다는 걸 다 커서야 깨달았다. 흑발에 쌍커풀이 진한 베트남 언니는 한국에 처음 왔을 때 한국어를 전혀 하지 못했다. 어려운 서류는 아빠가 처리했지만, 아빠가 일하러 갔을 때 언니를 여기저기 데리고 가는 건 나의 일이었다. 초등학생 때 집 앞 내과에 갔던 일을 기억한다. 내게 꽂히던 간호사의 복잡미묘한 시선을. 의료보험증을 내고 이름을 말한 뒤 목이 따갑대요, 열이 난대요, 기침이 난대요, 라고 말하고, 약국에 가서 처방전을 내고 약을 받아오는 게 전부였다. 돈과 의료보험증만 있으면 초등학생 아이라도 쉽게 할 수 있었던 일. 그러나 읽지도 말하지도 못하는 흑발 언니는 어디가 내과고 어디가 약국인지도 알지 못했다. 언니의 눈이 되고 귀가 되고 입이 되었다. 물론 나도 베트남어를 한마디도 못했지만 어디를 가야 하는지는 알았고, 무슨 이야기를 해야 하는지는 알았다. 초등학생 아이 손에 의지해 병원에 가야 하는 이십 대 외국인의 심정은 어땠을지. 그렇게 나는 언어 중개인이 되었다.

성인의 일을 아이가 도와야 할 때가 있고, 아이의 일을 성인이 도와야 할 때도 있다. 성인이던 언니는 성인의 방식으로 나를 도와주었다. 초등학교 6학년 때 시험이 끝나고 띠 모양의 성적표를 받아 집으로 돌아왔는데 부모님의 사인을 받아 가야 했다. 70점대인 과목이 부끄러웠다. 안방으로 건너가서 언니에게 이름을 적어달라 했다. 언니는 선선히 어른의 필체로 사인을 해주었다. 선생님이 원한 건 이게 아니었겠지만 나는 어른의 사인을 받았는걸. 그럼 됐지 뭐. 완전범죄의 성공이었다.

내 키가 점점 자랐듯, 흑발 언니의 한국어도 점점 자랐다. 내가 초등학생일 때, 언니는 대구 어딘가의 공장에서 일했다. 입보다는 손이 필요한 일이었을 거다. 내가 중학생일 때, 언니는 이주민 상담센터에서 일했다. 손보다는 입이 필요한 일이었을 거다. 내가 중학교를 졸업하던 무렵에 언니는 고등학교 졸업학력 검정고시를 보고 싶다며 나와 함께 한국어 공부를 시작했다. 베트남에서 중학교까지만 졸업한 탓에 고졸 학력을 갖고 싶다는 이유였다. 무거운 카세트 겸용 시디플레이어를 가지고 와서 책상 위에 놓았다. 당시에는 외국인을 위한 한국어 교재를 쉽게 구할 수가 없었기 때문에 중학생용 국어 교재를 사서 함께 들으며 공부했다. 얼마 후, 나도 고등학교 진학을 포기하고 검정고시 응시를 결정하게 되었다. 언니와 나 사이에는 12년의 나이 차이, 베트남과 한국만큼의 거리가 있었지만 같은 집 같은 좌식 테이블 위에서 함께 고졸 학력을 목표로 하게 되었다.

다섯 살과 일곱 살의 차이는 하늘과 땅만큼 크지만, 예순 살과 예순두 살의 차이는 미미하다. 우리도 그랬다. 하늘과 땅만큼 컸던 우리의 간격도 점점 좁혀졌고, 우리는 열일곱 살과 스물아홉 살이 되었다. 나는 대학생이 되었고 마침 재수생이었던 오빠도 같은 해에 함께 대학생이 되었다. 우리는 대구에 살았지만, 둘 다 서울의 사립대학교 새내기가 되어버린 탓에 아빠는 큰돈을 한

번에 써야 했다. 이사 비용도, 등록금도, 입학금도 모두 어마어마한 액수였다. 나는 그런 걱정을 하기에는 꿈에 너무 푹 젖어 있었다. 아이의 특권은 꿈에서 벗어나지 않아도 된다는 거였다. 열일곱 살의 아이였던 나는 이 특권을 한껏 누리며 대학생이 되었다.

그러나 열일곱 살과 스물아홉 살의 간격이 좁혀지던 때 깨달았다. 함께 서울로 올라온 언니도 학교에 다니고 싶어 했다는 걸. 한국어를 배우는 외국인 사이에서는 K대학교 한국어학당이 가장 유명하다고 했다. 체계적으로 배울 수 있고, 수료하고 나면 좋은 직장도 얻을 수 있다고. 언니는 아빠를 오랫동안 설득했다고 한다. 자식 두 명도 대학생이 되었는데, 그동안 고생한 자신도 한국어학당에 다니게 해달라고. 자식 두 명의 등록금과 입학금을 다 합하면 천만 원쯤 되지만, 한국어학당은 백만 원이 조금 넘는 돈이면 다닐 수 있다고. 다른 데 쓰는 돈도 아니고 미래를 위한 투자라고. 그러나 아빠는 그 돈을 끝끝내 내주지 않았고, 언니가 한국어학당을 다니게 되는 일은 없었다. 이 이야기를 듣게 된 건 언니와 나의 간격이 아이와 어른이 아니라 어른과 어른으로, 그나마 상식을 이야기할 수 있을 정도로 좁혀진 후였다.

양극단의 세계화는 우리 집에서부터 일어나고 있었다. 우리는 한 지붕 아래 살았지만, 송도와 안산만큼 차이가 났다. 나는 중진국과 선진국을 넘나드는 한국에서 태어나, 운이 좋아 충분한 교육을 받고, 세계 최강대국인 미국으로 나가서 외국인 노동자 겸 박사과정생이 되었다. 한국에서 대학원 생활을 했다면 등록금과 생활비를 조달하기 어려웠겠지만, 미국에서는 둘 다 지원을 해준 덕에 비교적 걱정 없이 공부할 수 있었다. 흑발 언니는 개발도상국인 베트남에서 태어났지만 한국으로 왔고, 누군가의 자식이 아니라 누군가의 아내였으므로 지원을 받을 수 없었다. 하지만 불굴의 의지로 자수성가하여 베트남 친정을 크게 일으켰다. 언니의 가족이 줄줄이 한국으로 왔고, 결혼을 하거나 직장을 잡았다. 언니가 처음 왔던 2000년대 초반처럼 처음에는 입보다 손이 필요한 일을 하다가, 점점 더 입이 필요한 일로 옮겨갔다. 어느 날 언니의 베트남 집 사진을 보게 되었다. 튼튼한 벽돌로 지어진 집이었다. 한눈에 봐도 다른 집들과는 달랐다. 언니의 한국 생활의 한순간 한순간이, 저 집의 벽돌 하나하나가 되었구나.

양극단의 세계화는 언어 교육에서도 그대로 일어난다. 결혼이주여성은 다문화가정센터나 주민센터를 통해 한국어 교실에 등록한다. 보통 무료로 수업을 듣거나 아주 적은 돈을 낸다. 여기서 쓰는 교재는 주로 "여보, 양말은 어디에 있어요?" "서랍 안에 있어요"처럼 남편을 내조하기 위한 내용을 다룬다(여성가족부, 2005). 반면 유학생들은 대학의 한국어학당을 다닌다. 등록금은 백만 원 내외다. 여기에서 쓰는 교재는 한국 젊은 세대의 연애, 케이팝, '힙'한 관광지 등을 다룬다. 이 둘의 간격은 쉬이 좁혀지지 않는다. 그나마 결혼이주여성은 비자 문제가 해결된 이들이지만, 체류 신분이 불안정한 사람들은 한국어 교실에 가는 것조차 쉽지 않다. 이 간극은 좁혀지지 않고 격차는 계속 벌어진다. 세계화는 끝과 끝에서 일어나고, 언어 간의 간격도 어쩌면 그렇게 계속 멀어지는지도 모른다.

세계화는 끝과 끝에서 2

2012년 다문화가정 학생들과 함께 석사학위 논문을 쓰고 있을 때였다. 당시에는 다문화가정이라는 말과 개념이 언론에 자주 등장했다. 그래도 논문에 쓰일 단어라 좀 더 공식적인 정의를 찾아보기 위해 교육부의 문서를 이것저것 읽어보았다. 교육부는 2006년에 처음으로 다문화가정 자녀 교육지원 대책을 마련했고, 다문화가정을 이렇게 정의하고 있었다. "우리와 다른 민족·문화적 배경을 가진 사람들로 구성된 가정을 통칭"(교육인적자원부, 2006)한다고.

도대체 '우리'가 누구지? '우리'는 단일해 보이지만 아주 이질적인 존재의 총체였다. 한국어는 '내 집' '내 가족' 대신 '우리 집' '우리 가족'이라고 말하는 언어 아닌가. 그렇지만 '우리 집'과 '우리 가족'안에서 싸움과 반목과 배신과 폭력과 학대와 방임은 얼마나 자주 일어나는지. '우리 민족' 혹은 '우리 문화'도 그렇다. 우리나라의 단일민족 신화는 이미 깨진 지 오래되었으며, 한국사 책에도 더 이상 등장하지 않는다. '우리 문화'도 마찬가지다. 십 대의 유튜브 문화와 육십 대의 유튜브 문화가 같다고 말하기는 어렵다. 이처럼 '우리'는 단일해 보여도 전혀 단일하지 않다.

'우리'는 도대체 누구일까? '우리'는 비정상회담에 나오는 외국인이 될 수도 있고, 내 옆자리에 앉아 있는 동료가 될 수도 있고, 고등학교 동창이 될 수도 있으며, 길거리에서 마주치는 사람이 될 수도 있고, 나와 함께 살아가고 있는 다문화가정 학생이 될 수도 있다. 그런데 '우리'와 다른 민족·문화적 배경이라니. 도대체 그게 무슨 뜻일까.

의문을 품고 '다문화가정 아동'을 인터넷 사이트에 검색해 보았다. 다문화가정의 아이들은 학습 성취도가 떨어지고, 학교에서 문제를 일으키고, 교사와 소통이 어렵고, 또래와 잘 어울리지 못한다고들 한다. 가정폭력이나 학대를 겪기도 하고 한국어 발달도 늦는다고 한다. 뉴스를 읽어보니 대기업에서 여러 후원을 해주었다거나, 정부에서 복지 정책을 새로 만들었다거나, 지방자치단체에서 지원을 해주었다는 기사가 여럿 나왔다. 뉴스 속의 다문화가정 학생들은 불쌍한 아이들이었고, 지원받아야 할 대상일 뿐이었다.

나는 다문화가정에서 태어나지는 않았지만 다문화가정에서 길러졌다. 그렇다면 나는 지원받아야 할 불쌍한 아이였나? 나는 그냥 잘 먹고 잘 자라서 잘 살고 있는 한 명의 인간일 뿐인데. 혹시

다른 사람들이 내가 다문화가정 출신이라는 사실을 알면 '불쌍함' 필터를 씌우고 나를 볼까? 아니, 기왕이면 '불쌍함' 필터는 넣어두고 차라리 셀카 앱의 '내츄럴' 필터를 씌워주면 좋겠는데.

사람들은 정형화된 약자의 모습을 기대한다. 가난한 집 아이는 돈까스를 사 먹으면 안 되고, 외국인 노동자는 더러운 작업복을 입고 있어야 한다. 결혼이주여성은 남편과 시어머니를 극진히 부양해야 하고, 성폭력 피해자는 힘없이 계속 울기만 하는 젊은 여성이어야 한다. 누구나 태어날 때는 누군가의 손길이 없으면 살아남을 수 없는 약자이고, 다 자란 후에도 시간이 흘러 나이가 들면 또다시 약자가 된다. 누구나 약자였고 약자가 됨에도 불구하고 약자에 대한 편견은 아주 강고하다. 나 또한 '불쌍한 아이'로 보이는 게 싫었지만, 나 역시도 갖고 있는 편견을 모두 깡깡 때려 부수지는 못했구나, 하고 느낀 적이 두 번 있었다.

2017년 3월, 엄마와 함께 퀘벡에서 출발해 캐나다-미국 국경을 넘어 보스턴으로 운전해 가고 있을 때였다. 엄마의 남동생은 베트남 여자와 결혼을 했다. 엄마는 베트남에서 온 숙모가 처음 입국했을 때부터 대구에 정착하는 걸 도와주었고, 첫 아이가 태어나고 나서는 이유식도 아기옷도 아이용 전집도 사다 주며 숙모가 '한국 엄마'로 거듭날 수 있도록 옆에서 각별히 챙겨주었다. 운전 중에 문득 숙모 생각이 났다.

"엄마, 내 사촌동생 A랑 B, 엄마가 베트남 사람 아이가. 큰아가 쫌 있으면 초등학교 간다 안 캤나? 얼라 때부터 한국어 책 많이 읽어줘야 한데이. 나 대학에서 배우는 책에 부르디외(Bourdieu)라는 사람이 나오는데, 학교에서 쓰는 언어나 생활양식 같은 게 특권이 있는 사람 기준으로 만들어진다고 했다. 사촌동생들은 엄마가 베트남 사람이라 학교 언어나 생활양식 같은 걸 체득할 기회가 별로 없잖아. 집에서 쓰는 언어랑 생활양식이 학교에서 쓰는 거랑 너무 다르면 아이들이 소외될 수밖에 없고 공부도 뒤쳐지게 된다 칸다. 또 요즘은 시험에 서술형 문제가 많이 나와서 말이 잘 안 되면 학업도 뒤쳐질 수밖에 없다 안 카나. 수학 문제도 다 이야기로 나오는 시대라서 문해력이 모자라면 처음부터 뒤쳐진다. 어릴 때부터 한국어 공부를 열심히 해야 하는 데는 다 이유가 있다카이. 책 많이 읽어줘야 된다." 엄마는 이야기했다. "내가 그 집에 얼라들 동화책은 많이 사놨는데 읽어줄라는지 모르겠다. 니들은 알아서 글 뗐는데 가들은 우짤라는지 모르겠네. 엄마가 한국어를 잘해야 되는디. 모르겠다 우짜고 있는지."

이때 나는 다문화학생에 대한 편견을 그대로 다시 엄마에게 전달하고 있었다. 나는 사실 사촌동생 A와 B를 만난 적이 별로 없었다. 외국 생활이 길었던 탓이었다. 사촌동생이 어느 정도로 한국어를 구사할 수 있는지, 보호자와는 어떻게 소통하는지, 주변에 도움을 받는 네트워크는 어느 정도 구축되어 있는지 등은 전혀 알아보지 않은 채, 숙모가 베트남인이라는 사실 하나만으로 오지랖을 부리고 있었던 셈이다. 실제로는 아무런 도움도 주지 않았으면서.

두 번째 순간은 2017년 연말, 계속 미루고만 있었던 아빠 집 방문을 하게 되었을 때였다. 아빠 집에는 일곱 살 된 아이와 4개월 된 아이가 있었다. 나는 두 아이들이 어떻게 자랄지 걱정이 많았다. 게다가 일곱 살 아이는 곧 학교에 입학하는데, 한국 학교에서 무사히 잘 살아남기 위한 언어 실력과 말하는 방법, 태도, 대인관계 맺는 법 같은 걸 집에서 제대로 배우지 못한 것은 아닐지 걱정이 되었다. 우리 베트남 언니는 바쁘게 통역사로 일하고 있었기 때문에, 한국어를 전혀 못하는 베트남 외할머니가 아빠 집에 살며 아이들을 봐주었다. 아빠가 아이들과 잘 놀아주긴 했지만, 책을 읽어주거나 대화를 자주 나누는 건 아니었다. 나는 미국에 가 있었기 때문에 아이들과 함께 살지는 않았고, 한국에 있던 오빠도 독립해 있던 터라 아이와 양질의 한국어로 상호작용을 해줄 수 있는 사람이 없었다.

학교에 가서 왕따라도 당하는 거 아니야? 학교에 엄마 아빠가 오면 부끄러워하는 거 아니야? 혹시라도 학교에 갈 일이 있으면 나나 오빠가 고모나 삼촌인 척 가는 게 차라리 낫지 않을까? 아니다, 나는 해외에 살아서 못 가니까 오빠를 보내야 하나? 나랑 오빠는 어렸을 때부터 책을 좋아해서 문해력 발달이 빨랐는데, 아이들 주변에 책은 좀 있던가? 기억하기로는 거의 없었던 것 같고 지하철을 좋아해서 계속 지하철역에만 가던데? 뒷배경도 없는 집인데 공부까지 못하면 학창 시절 내내 따돌림당하는 거 아냐? 걱정이 꼬리에 꼬리를 물고 이어졌다.

또 아이들이 지금은 잘 몰라도, 나이가 들면서 스무 살은 더 많은 형과 누나가 있다는 것과, 대학교 졸업식도 아닌 초등학교 졸업식에 환갑이 한참 넘은 아빠가 온다는 게 어떤 의미인지 점차 깨닫게 될 거라고 생각하면 암담했다. '정상'의 범주에서 벗어난 삶이 분명히 괴로울 텐데. '모난 돌이 정 맞는다'는 속담처럼 다른 사람들이 생각하기에 '정상'이 아니면 따돌림당하는 사회가 아니던가. 아이는 아무것도 잘못한 게 없는데. 태어나 보니 이런 가정이었을 뿐.

그런데 아빠 집의 문을 열고 들어가는 순간, 틀에 박혀 있던 내 사고가 산산이 깨져버렸다. 아장아장 걸어다니던 아기 시절의 큰아이를 마지막으로 봤었는데, 지금은 가족 간에 이중언어를 편하게 구사하고 있었다. 성장 과정 내내 3개월 단위로 베트남과 한국을 번갈아 가며 살기를 반복해 온 덕이었다. 물론 아직 대화라고 부를 수 있는 수준은 아니지만, 맥락상 상대가 아빠나 나나 오빠일 때는 7세 또래들이 쓸 정도의 한국어로, 상대가 엄마나 할머니일 경우에는 베트남어로 편하게 대화하고 있었다. 종종 엄마와 이야기할 때는 두 언어를 섞어 쓰기도 했다.

가족과 이야기해 보니 베트남으로 돌아가서 국제학교를 보내려고 한다고 했다. 아아, 그래 그럴 수도 있구나. 국경 하나만 넘으면 이 친구가 경험할 수 있는 게 정반대로 바뀔 수 있구나. 이 친구가 갖고 있는 정체성, 언어 자원, 문화 자본이 환영받을 수 있는 곳이 지구본에 그어진 선을 조금만 넘으면 존재했다. 나는 왜 그 생각을 못 했지. 한국의 틀에만 갇혀서 생각했던 내가 바보였다. 이주, 디아스포라, 코스모폴리타니즘 등 머릿속에만 둥둥 떠다니던 개념이 눈앞에 뚜벅뚜벅 살아나왔다.

만약 이 아이를 한국의 일반 초등학교에 데려다 놓았다면 다문화가정 아동이라는 딱지를 몸에 덕지덕지 붙이고 학교 생활을 했을지도 모른다. 하지만 베트남의 국제학교에 데려다 놓는다면 어릴 때부터 세계를 넘나들며 두 개의 언어를 자유로이 구사하는 아이가 될 수 있었다. 한국에 있으면 뉴스에서 묘사하는 것처럼 각종 복지 정책의 지원 대상, 정상 범주에서 벗어난 아이, 모난 돌이 될 뿐이었을지도 모른다. 베트남에서는 한-베 통역사의 아이로, 국제학교 학생으로 글로벌 사회의 일원이 될 수 있는데 말이다. 물론 한국 학교나 베트남의 국제학교가 내가 생각하는 것과는 전혀 다를지도 모르지만, 생애 첫 학교 입학을 앞둔 아이의 입장에서 생각해 보면 국제학교 쪽이 더 기회가 많아 보였다. 적어도 그곳에선 이 아이가 갖고 있는 이중언어와 정체성이 비정상적으로 여겨지지는 않을 테니까.

좁게 그어진 '우리'의 선 안에서만 살면 편할지도 모른다. '우리'와 다른 이들을 '그들'이라는 딱지를 붙여 구분해 놓고 다른 위치에 몰아넣으면 '그들'은 '우리' 눈에 보이지 않게 된다. 아니, 보인다 해도 불쌍한 사람, 동정을 베풀어야 할 사람으로 인식하게 된다. 그런 동정의 시선으로 상대를 바라볼 때, 생각이 좁아지는 건 나였지 상대가 아니었다. 선을 긋다 보면 좁아지는 건 나의 세계일 뿐이었다.

말랑말랑한 자아로 새 언어를 배우기

2020년 3월, 코로나바이러스의 영향으로 국경이 점점 닫히고 있었다. 자고 일어나면 새로운 도시가 봉쇄되어 있었고, 일어나서 정신을 차리면 새로운 비자 제한 조치가 내려져 있었다. 세상은 어지러웠지만, 3월 5일에 박사학위 논문 심사를 마친 후, 3월 18일에 세 개의 캐리어를 끌고 미국 펜실베이니아 중심부에서 도쿄로 날아가는 비행기를 탔다. 정말 아슬아슬하게 일본에 입국할 수 있었다. 한국에서 받은 비자였다면 입국이 불가능했을 텐데, 뉴욕에서 비자를 받은 덕에 입국이 가능했다.

학과 선생님들이 공항에 도착한 날부터 정착하는 데 필요한 모든 일을 도와주었다. 가구와 가전을 사고, 동네에 무엇이 있는지 알아보고, 학교에 가서 서류를 처리했다. 인생 처음으로 개인 연구실의 열쇠를 받았고, 신임 교수 오리엔테이션에도 갔다. 그러다 보니 정신없이 3월의 막바지가 모두 지나갔다. 코로나바이러스가 퍼지고 있다고는 했지만 흐드러지게 피는 벚꽃이 나를 축복해 주는 것 같았다. 드디어 기나긴 박사과정을 끝내고 사회인으로 거듭나게 되었다는 뿌듯함과 함께, 마치 마법에 걸린 것처럼 부푼 마음으로 새 학기를 시작할 기대에 가득 차 있었다.

그러나 이 기대는 4월 7일, 코로나바이러스 확산 방지를 위한 도쿄 긴급사태 선언과 함께 와르르 무너져 내렸다. 학교에 출근하려면 사전 승인을 받아야 했고, 그마저도 6시간 이상 머물 수 없었다. 아직 책상도 배달되어 오지 않은 황량한 집 바닥에서 온라인 수업 준비를 시작했다. 처음에는 3주만 온라인 수업을 진행한 후 대면 수업을 개강하기로 했지만, 상황은 전혀 나아지지 않았고, 학생들도 만나지 못하고 동료 교수님들도 거의 뵙지 못한 채 한 학기를 집 안에서만 보냈다. 한 학기 내내 누군가와 면대면으로 30분 이상 이야기를 한 적이 없을 정도로 격리된 생활을 보냈다. 벚꽃처럼 부풀었던 마음은 코로나바이러스의 영향으로 팡 터져버렸다.

여름방학이 반쯤 지나서야 밖에 나가서 사회활동을 조심스레 시작할 수 있었다. 일본에 살고 있긴 했지만 집에만 갇혀 있었던 터라 내 일본어는 중학교 때 배운 히라가나와 가타가나, 애니메이션을 보면서 키운 듣기 실력 정도에 머물러 있었다. 도저히 학원에 갈 시간이 나지 않았는데, 마침 동네 구청에서 무료로 여는 일본어 교실이 9월부터 수업을 재개해서 바로 등록했다. 입국한 후 거의 5개월 만에 처음으로 야외 활동을 시작하게 되었고, 부푼 마음을 안고 첫 수업에 갔다.

　나는 십 대 후반과 이십 대 초반 때 미국과 한국에 지내며 이민자를 위한 영어 및 한국어 교실에서 오랫동안 봉사 활동을 했다. 미국에서는 소말리아 이민자 할머니들의 손을 잡고 함께 영어 말하기와 쓰기 연습을 했고, 한국에서는 이주 배경 초등학생과 중학생들에게 학교 과목을 가르치곤 했다. 나는 항상 봉사자 선생님 입장에 서 있었는데, 이제는 일본어 한 마디도 제대로 못하는 학생이 되어 교실에 앉아 있게 되었다. 학생에서 선생이 되었다면 뿌듯했을 텐데, 반대가 되니 형언할 수 없이 어색했다.

　일본어 교실에 다니면서 처음으로 일본어로 사람과 관계 맺기를 시작할 수 있었지만, 영어나 한국어로 맺어왔던 관계와는 사뭇 달랐다. 나 외의 학생들은 대부분 이십 대 초반 대학생이었는데, 나 역시도 그렇게 보였는지 봉사자 선생님들이 나를 대학생처럼 대하곤 했다. 이제 겨우 학생을 탈출해 사회인이 되나 했는데, 다시 대학생 취급을 받으니 기분이 썩 유쾌하지는 않았다.

　일본어 교실에서는 그나마 학생으로 존재할 수 있었지만, 교실 밖에서 생활할 때는 더욱 불편한 일들을 마주해야 했다. 반말로 말을 걸어오는 일본인은 어디든지 있었고, 메뉴판을 제대로 읽지 못해서 다른 사람의 도움이 필요하기도 했다. 식당에서 국

자와 앞접시를 달라는 말을 하지 못해 곤란했던 적도 있었다. 이
사한 지 얼마 되지 않았을 때는 아파트 관리인이 반말로 "곤란해,
곤란해, 일본인 친구 있어?"라고 말하며 나를 낮춰 보기도 했다.
간만에 당하는 무례여서 순간 머리가 하얘졌다.

한국이나 미국이었으면 이런 일이 일어나려고 해도 일어날
수가 없었을 것이다. 한국에서 이런 일을 당한다면 부를 수 있는
사람들이 있었고, 미국이었다면 오랫동안 혼자 살며 길러온 자기
방어 능력을 발휘할 수 있었다. 그런데 일본인 관리인에게는 영
어로 따질 수도 없었고 누군가를 불러올 수도 없었다. 그 관리인
이 보기에 나는 일본어 못하는 어린 외국인 여자일 뿐이었다. 온
갖 고생을 해서 받은 미국 대학 박사학위나, 학교 이름과 직위가
적힌 명함 같은 건 아무런 쓸모도 없었다. 여기서 나는 국자와 앞
접시를 받지도 못하고, 메뉴판을 제대로 읽지도 못하고, 아파트
관리인에게 반말을 듣는 어린 여자 외국인일 뿐이었다.

현지어를 구사하지 못하는 성인으로 산다는 건 아주 불편했
다. 성인이라면 자신의 일은 스스로 해결해야 하는데, 현지어를
못하니 일을 해결하기가 너무 어려웠기 때문이다. 자신을 챙기는
일은 어디에서나 힘들겠지만 외국에서는 더더욱 힘드네, 하고 투
덜거렸다. 성인이 되고 나서 해외 생활을 하는 건 왜 이렇게 힘들

까? 일본어를 통해 새로운 관계를 만들어가면서, 대학원에서 배운 이론과 개념이 실제 생활에서 살아나는 것을 경험할 수 있었다.

외국어는 이른 시기에 배울수록 좋다는 이야기가 널리 퍼져 있다. 한 예로 사춘기(대략 12세 이후)까지 제2언어를 배우지 못한다면, 그 언어를 제대로 배울 수 없다는 '결정적 시기 가설(critical period hypothesis)'이 있다. 아주 간단히 요약하면, 사람의 뇌는 나이가 들면 들수록 '편측화(lateralization)'되기 때문에 새로운 언어를 배울 수 있는 뇌의 가소성이 떨어지므로, 새로운 언어를 배워도 원어민처럼 될 수 없다는 가설이다.

성인이 되어 제2언어 실력이 더 이상 향상되지 못하고 굳어버리는 현상을 '화석화(fossilization; Selinker, 1972)'라고 부르기도 한다. 성인일수록 언어를 배우기 어려워지는 원인으로는 여러 가지가 제기되었는데, 뇌의 가소성이 줄어들기 때문일 수도 있고 (Long, 1990) 자신이 쓰는 제2언어와 원어민이 쓰는 언어 간의 차이를 알아차리기 어려워하기 때문일 수도 있다(Schmidt & Frota, 1986).

그러나 최근의 연구 결과는 어릴수록 외국어 학습에 유리하다는 기존의 통념을 깨고 있다. 태어날 때부터 제2언어에 노출된다 해도 이중언어자가 된다는 걸 보장하지는 못하며, 아이보다 성인이 제2언어를 초기에 습득하는 속도가 더 빠르고, 제2언어를 배우기 시작한 나이보다는 그 언어를 통해 쌓아온 경험이 능숙도에 더 영향을 미치는 것으로 밝혀졌다(Ortega, 2019).

언어를 배우는 데 중요한 건 나이가 아니라, 그 언어와 함께 살아가는 경험이다. 사람은 지식이나 능력을 들고 다니는 컴퓨터가 아니고, 제2언어 역시 뇌 안에만 존재하는 추상적인 능력이 아니다. 사람들은 언어를 배워서 새로운 사람들과 관계를 맺고, 새로운 사회와 교류하며 삶을 꾸려간다. 이처럼 언어는 관계, 사회, 삶 속에 존재한다.

아이가 제1언어 또는 제2언어로 만들어나가는 세계는 대체로 말랑말랑하고 유연하다. 아이는 추상적이고 복잡한 사고체계를 만들어나가는 중이므로 아직은 어른의 개념을 배우지 않아도 된다. 보통은 주변의 성인이 아이의 눈높이에 맞춰 대화를 해준다. 아이들은 아직 단단히 만들어진 세계가 없는 만큼 새로운 변화에 유연할 수 있다.

반면 성인이 제2언어를 통해 만들어가는 세계는 아이의 세계만큼 친절하고 말랑말랑하지 않다. 성인이 될수록 언어를 배우는 게 힘들어지는데, 단순히 발음을 잘할 수 없거나 문법에 능숙하지 않은 게 문제는 아니다. 성인은 이미 모국어로 구축해 놓은 정체성과 사회관계망이 단단하기 때문에 그 벽을 깨고 제2언어로 새로운 세계를 구축하는 게 큰 도전이 된다. 화석화되는 건 제2언어 능력이 아니라, 이미 모국어로 단단히 형성된 자신의 자아다.

모국어로 쌓아 올린 자아는 이미 편안하게 안정되어 있다. 모국어 세계에서 이뤄놓은 성취도 많고 친척, 친구, 동료와의 관계도 탄탄하다. 그렇지만 제2언어로 새로운 사람과 새로운 상황에서 새로운 관계를 만들어나갈 때는 단순한 불편을 넘어 때로는 부당함과 무시도 감수해야 한다. 세상은 성인에게 그리 친절하지 않으며, 제2언어를 통해 성인 대 성인으로 맺는 관계는 꼭 평등하기만 한 것도 아니다.

아, 외국어를 배우는 건 숨 쉬듯 편안했던 자신의 자아를 다 무너뜨리는 과정이구나. 너무 당연해서 자아라고도 느껴지지 않았던 것들을 다 부수고 새로 만들어가야 하는구나. 자신을 위험에 노출시키고, 부끄러워질 기회를 일부러 더 만들고, 자존심을 굽히고, "내가 한국에서는~" 같은 생각을 전부 내려놓고, 새로운 언어로 새로운 관계를 만들어가야 하는구나. 이 관계에서는 수도 없이 불편한 일이 일어나고, 원하지 않더라도 새로운 권력관계 안에 들어가야 하며, 상대에게 친절함을 기대하기 어렵다. 모호함을 견뎌야 하고, 지나가는 여섯 살 아이에게도 배울 준비가 되어 있어야 한다. 모국어 세계에 편안히 머무르면서 제2언어 자아를 만들어나갈 수는 없다.

자아가 말랑말랑해야 새로운 언어를 배울 수 있다. 자존심을 세우면 자신이 고립될 뿐이다.

나를 규정하는 이름 사이에서
길을 잃을 때

모든 단어에는 '표시의미(denotation)'와 '암시의미(connotation)'가 있다(강범모, 2011). 표시의미는 사전을 찾아보면 나오는 단어의 명시적인 정의다. 암시의미는 사전만 가지고는 알 수 없는, 그 단어와 연관된 느낌이나 감정이다. 암시의미는 단어가 쓰이는 맥락마다 달라지기 때문에, 그 단어와 꽤 친해져야만 알 수 있다. 표시의미는 단어의 외모, 암시의미는 속내인 셈이다. 예를 들어 비둘기의 표시의미는 '새의 한 종류'이지만, 암시의미는 '평화의 상징'이될 수도 있고 '도심의 길거리를 무리 지어 다니는 새'가 될 수도있다.

　우리 모두는 언어를 매개로 세계와 관계를 맺고, 사회 속에서 부여받은 역할을 수행해 나간다. 나는 엄마의 딸이기도 하면서, 우리 센터의 막내고, 우리 학교의 유일한 한국인이며, 한국인인데도 일본에서 영어를 가르치는 이상한 선생이다. 한국에 있는친구들에게는 이십 대 초반 이후 한국에 있질 않아서 액정 안에만 존재하는 친구이고, 일본 사회에 적응해 가고 있는 외국인이고, 일본어 교실의 개근 학생이며, 지도교수님에겐 갓 졸업시킨 따끈따끈한 제자다. 이 모든 관계에는 이름이 붙는다. 딸, 막내 교원, 선생, 친구, 외국인, 학생, 제자.

그렇지만 관계의 이름이 갖고 있는 표시의미와 암시의미, 내가 생각하는 의미와 상대가 생각하는 의미가 종종 충돌하고는 했다. 경계를 넘어다니는 삶을 살게 되면서 더더욱 그랬다.

미국에서 박사과정을 마무리하는 동안 학생비자의 기간이 얼마 남지 않아서 고민이 많았다. 연장을 해야 하는지, 아니면 졸업 후 OPT라고 부르는 임시비자를 받아야 하는지, 임시비자를 받으려면 언제 어떻게 서류를 제출해야 하는지 등을 매일 고민했다. 특히 미국 비자는 악명이 높았다. 일을 구했다 해도 제때 비자가 나오지 않아 일을 못 하게 되는 경우도 있었다. 체류를 연장하기 위해 배우자 비자로 바꾸거나, 그마저도 여의치 않아 한국으로 돌아가는 사람도 종종 봐온 터라 겁이 났다. 미국에 사는 한인들끼리는 비자를 '신분'이라고 부르기도 한다. 폐지된 신분제를 일상 언어로 되살릴 만큼 비자의 위력은 막강했다. 미국에 계속 머무르게 되면 영주권을 받지 않는 이상 나는 12개월짜리 임시 외국인 노동자가 될 터였다. 그 이후에도 취업비자를 제때 받지 못하면 미국을 떠나야 했다.

미국에 있을 때는 비자 문제 때문에 항상 불안했기 때문에, 미국을 떠나 일본에 가기로 결정된 이후에 가장 먼저 한 일은 일본 취업비자 요건을 찾아보는 것이었다. 당시 센터장 선생님께서 재류자격인정증명서를 보내준다고 하셨고, 이 증명서와 여권, 신청서를 우편으로 뉴욕에 있는 일본 영사관에 제출하면 취업비자가 나온다고 하셨다. 믿을 수가 없었다. 미국은 학생비자라도 직접 광화문의 대사관까지 가서 인터뷰를 해야 하고, 자산을 파악하는 용도의 재정증명서도 내야 했다. 취업비자면 더 조건이 복잡할 텐데 인터뷰 한 번 없이 비자가 나온다니. 영사관 홈페이지에 들어가서 여러 번 확인을 했는데 사실이었다. 서류를 여러 번 체크하고 코로나 관련 서류도 함께 봉투에 넣어 보냈더니, 보름 정도 걸려서 교수비자가 나왔다. 일본 사회에서 내가 맺는 관계의 이름은 '교수'였다.

이후 알게 되었는데 학위와 논문, 일본어 실력, 나이 등을 종합해 보면 나는 고도인재비자 자격 요건을 충족하여 영주권을 쉽게 받을 수 있었다. 미국에서 영주권을 받으려면 심사도 훨씬 까다로울뿐더러 시간도 오래 걸리고 변호사를 통해야 하니 돈도 많이 들 텐데, 일본에서는 일정 점수가 넘으면 고도인재비자를 통해 몇 년 걸리지 않아 영주권을 받을 수 있었다. 미국 영주권의 악명을 익히 들어 온 터라 이런 식으로도 영주권이 나온다는 게 어이가 없을 정도로 놀라웠다.

우쭐했던 것도 잠시, 일본에 넘어온 이후에 한국에 서류를 낼 일이 생겼는데 또다른 문제를 마주쳤다. 나는 미혼이었으므로, 서류상 내 가족의 기준은 부모님이었다. 그런데 누가 어머니인지를 정하는 게 문제가 되었다. 이혼 및 재혼가정 자녀의 경우에 누가 서류상의 부모로 잡히는지 나도 관공서도 잘 몰랐다. 우리나라에 부모와 딸아들로 형성된 가족이 이렇게 많았었나? 미국에 살 때는 아이 여러 명을 입양해서 혼자 키우는 교수님도 계셨고, 재혼한 후 전처 출생의 아이를 함께 양육하는 친구도 있었고, 파트너와 함께 사는 친구도 있었고, 결혼식이나 약혼식 같은 걸 하지 않은 채 오랫동안 함께 사는 친구도 있었다. 가족관계가 이렇게 다양한 모양이었기 때문에 아내나 남편 같은 말보다는 파트너 혹은 중요한 타인(significant other)이라는 말을 사용했다. 부모와 딸아들로 이뤄진 가족이 나에게는 오히려 생소했다. 하지만 내가 어떻게 생각하는지와 관계 없이, 한국에서는 나 혼자 나의 가족이 될 수 없었다. 반드시 부모님과 엮여야 했고, 서류상으로 어떤 쪽 부모님과 가족이 되는지도 알기 어려웠다. 고아 아닌 고아가 된 기분이었다.

나는 늘 같은 사람이었는데 나를 부르는 이름은 서로 너무 달랐다. 미국 대학원에 놔두면 '비자가 얼마 남지 않아서 곧 떠날 외국인'이 되었고, 일본의 외국인 비자 제도 속에 던져 넣으면 '고도인재'가 되었고, 한국 관공서에 갖다 놓으면 '재혼가정 자녀'가 되었다. 각 이름의 표시의미는 명확했다. 미국의 임시비자는 미국의 학위과정을 졸업한 사람이 최대 12개월 머물며 일할 수 있는 단기비자였고, 일본의 고도인재는 자격 요건이 되는 외국인에게 비자상의 이득을 주는 제도였고, 한국의 재혼가정 자녀는 생물학적 부모가 이혼 혹은 사별하고 새로운 사람과 결혼한 경우의 자녀를 뜻했다. 그렇지만 셋의 암시의미는 너무 달랐다. 미국의 임시비자는 12개월 내에 취업비자로 전환하지 못하면 짐을 싸서 떠나야 할 만큼 위태로운 신분이었고, 일본의 고도인재는 초고령화 때문에 부족해진 노동력을 해외에서 데려오려는 목적의 제도였겠고, 한국의 재혼가정 자녀는 비재혼가정 자녀보다 상대적으로 경제적, 사회적 여건이 충분하지 않을 수 있다는 걸 전제하고 있었다. 나는 같은 사람인데도 나를 부르는 이름들은 너무 달랐고, 각 이름의 암시의미는 서로 충돌했다.

더욱 무서운 건 이러한 이름을 통해서 나를 보는 사람들이었다. 처음 보는 사람을 만나면, 나를 뭐라고 소개해야 할지 항상 고민에 빠졌다. 그냥 영어 선생님이라고 하면 어떻게 한국인이 일본에서 영어 선생님이 될 수 있는지, 어떤 학교에서 수업을 하는

지 물어왔고 할 말이 없었다. 대학교 교수라고 하면 사람들의 눈
이 커다래지는 터라 당장 쥐구멍에라도 숨고 싶어졌고, 직장인이
라고만 말하면 너무 범위가 넓어서 난감했다. 내 이력이 특이한
편이었기 때문에 구구절절 설명을 이어가면 이어갈수록 점점 어
울리지 않는 이름만 늘어가는 것 같았다. "어려 보이는데 어떻게
교수가 됐어요?" 하고 누군가 물어보면 일본은 한국처럼 대학교
교수가 사회적으로 명망 있는 직업이 아니라는 사실부터 먼저 설
명해야 했다. 한국어 '교수'라는 이름에 붙는 암시의미가 너무 훌
륭해서 나와는 하나도 어울리지 않았고 당장 떼버리고 싶었다.
질문에 답을 하다 보면 고등학교를 안 다녔고, 국내 대학교와 대
학원을 빨리 졸업하고 미국에서 유학을 한 터라 여기까지 왔다는
이야기까지 꺼내야 했다. 여기까지 말하고 나면 나와는 전혀 다
른, 유복한 가정에서 충분한 지원을 받으며 유학까지 마친 똑똑
한 사람이 하나 만들어져 있었다. 실제와는 너무 달라서 어디서
부터 바로잡아야 할지도 알 수 없었다.

사실 이 이름들에는 아무 의미가 없었다. 특출나게 똑똑했던
게 아니라 중학교 생활이 힘들어서 고등학교 진학을 포기했고,
대학을 졸업했더니 갓 스무 살이어서 아무것도 할 수 있는 게 없
어서 대학원을 갔다. 미국 유학은 운 좋게 학비와 생활비 일체를
학교에서 지원받아서 갈 수 있었고, 박사과정은 버티기만 하는

생활이었다. 일본에서 일하게 된 것도 우연의 우연이 겹친 결과였다. 이 글을 쓰는 지금의 나는 신용카드는커녕 체크카드도 하나 없어서 인터넷 쇼핑을 하려면 충전식 카드에 돈을 넣어야 하는 삶을 살고 있다. 언제까지 이 일을 할 수 있을지 모르기에 항상 불안하고, 매스컴에 나오는 '진짜' 교수들과 나는 아예 다른 사람처럼 느껴진다. 학회에 참가하면 "어려 보이는데 커리어를 일찍 시작하셨네요"라는 이야기를 듣게 되어 침울해졌다. 동료 학자로서가 아니라 어린 학생으로 바라보는 것 같아서 그랬다.

관계의 이름을 얼기설기 기워서 만들어낸 나의 이미지와, 지금 여기에 존재하는 나는 너무나도 달랐다. 그렇다고 이런 이야기를 처음 만난 사람에게 할 수는 없어서, 시간을 들여 천천히 이야기하곤 했다. 그렇게 관계가 진전되면 상대도 자신의 이야기를 들려주었다. 처음에는 일이나 직함 등으로 자신을 소개했지만, 사실 지금 이런 일을 겪고 있고 이런 고민을 하고 있으며 이런 걸 이야기하고 싶다고. 이런 이야기를 들을 때마다 사전 속에만 존재하던 단어들을 실생활에서 마주한 것 같은 느낌이 들고는 했다. 표시의미로만 존재하던 단어의 암시의미를 알게 된 느낌, 반전이 있는 사람이라면 그 암시의미에서 벗어난 다른 의미도 알게 된 느낌. 겉모습으로만 알고 있던 사람을 사람 대 사람으로 마주

보게 된 느낌이었다.

한 단어를 표시의미만으로 설명할 수 없듯이, 사람도 그렇다. ○○대학교 졸업자, ○○회사 직원, ○○아파트 거주자 혹은 누군가의 아내, 남편, 딸, 막내, 동생 등 사람에게 붙어 있는 라벨만으로는 그 사람의 모든 면을 알 수가 없다. 게다가 이런 라벨은 언어나 문화의 경계를 넘는 순간 급격히 무력해진다. 미국 펜실베이니아에 가서 "저는 한국의 대기업 ○○회사의 직원입니다"라고 소개하면 어색한 것처럼. 단어를 잘 쓰려면 암시의미를 폭넓게 알아야 하고, 때로는 그 의미를 전복시킬 수도 있어야 한다. 사람에게 덕지덕지 붙어 있는 라벨의 경우도 똑같다. 라벨 너머를 보아야 진정한 관계가 시작된다.

새로운 언어로 만들어가는 세계

처음 미네소타의 작은 마을에 도착했을 때였다. 당시 나는 열아홉 살이었고, 비행기에 탈 때 신발을 벗어야 한다는 농담에는 속지 않을 만큼 성숙했으나, 미국에서는 처음 보는 사람이라도 눈만 마주치면 인사한다는 말은 그대로 믿을 만큼 미숙했다. 힘들게 준비해서 방문학생 기회를 얻은 만큼, 1년 동안 열심히 해서 꼭 영어 실력을 늘려야겠다는 열망에 불타고 있었던 터라 아무나 붙들고 말을 걸고는 했다. 같은 기숙사에 사는 신입생, 길거리를 지나가다가 만난 아주머니부터 엘리베이터나 부엌에서 우연히 마주치는 사람까지, 비록 "hello"라는 인사말뿐일지라도 어떻게든 말을 걸려고 했다. 다행히 작은 시골 마을이었고 다들 상냥했던 터라 처음 보는 어린 여자 외국인이 갑자기 말을 걸어오더라도 웬만해서는 선선히 이야기해 주었다. 미숙함을 따스히 안아주는 작은 마을에서 나의 첫 외국 생활이 시작되었다.

기숙사에 처음 들어간 날 짐을 푼 후, 필요한 물건을 사기 위해 월마트에 갔다. 5층쯤 되는 도심의 이마트나 홈플러스에는 익숙했는데, 1층밖에 되지 않지만 아무리 쇼핑 카트를 끌어도 끝이 나질 않는 마트는 처음이었다. 어디에 무엇이 있는지도 전혀 몰라서 마트에 붙어 있는 안내판에 의지해야 했다. 이불을 사려면 home(집) 구역에 가야 하고, 먹을 걸 사려면 grocery(식료품)라고 붙어 있는 곳에 가면 되겠지. 충전기와 각종 전기 관련 물품을 사려면 electronic appliances(전자제품) 쪽으로 가면 될 거야. 미국에 처음 왔지만 스스로 물건을 구하는 내 모습이 대견해지려고 했다.

그때, 도대체 무엇을 팔고 있는지 모르겠는 구역이 한 군데 있었다. clearance(재고 정리 상품)라고 적힌 곳이었다. 오만 가지 물건이 멋대로 쌓여 있었는데 도대체 뭘 파는 곳인지 짐작할 수가 없었다. 한참을 구경하다가 모든 가격표에 할인 스티커가 붙어 있는 걸 보고서야 알 수 있었다. 여기는 할인 상품만 쌓아두는 곳이구나! 그동안 열심히 공부했다고 생각했는데 이렇게 쉬운 영어 단어도 모르다니! 토플 점수도 있고 영어 디베이트 대회에서 상을 받기도 했는데! 한국에서 대부분의 전공 수업을 영어로 들었으니 이제 영어는 익숙하다고 생각했는데, 갑자기 멍청한 사람이 된 것 같은 기분이었다.

이런 일이 여러 번 반복되었다. 영어로 된 전공 서적을 줄줄

읽을 수 있었고 영어로 발표하고 토론하는 일에도 익숙했다. 미국 대학원을 진학하기 위해 필요한 시험인 GRE 단어도 빠삭하게 외우고 있었다. 하지만 정작 아동문학 수업에서 아이들을 위한 동화책을 펼치면 모르는 단어가 무더기로 나오곤 했다. 빨래 세제를 사야 했을 때는 '세제'가 영어로 무엇인지 몰라서 넓은 월마트를 누비며 세제처럼 생긴 물건을 찾아 헤매기도 했다. 그전까지 영어로 학술세계를 만드는 일에는 익숙했지만, 생활세계를 만들어가는 건 전혀 달랐다. 결국 모든 면에서 우당탕탕 사고를 치며 새롭게 생활세계를 만들어가야 했다.

미국 방문학생 1년을 마치고 귀국한 후, 한국에서 석사를 끝내고 다시 박사과정을 위해 미국에 나왔다. 그때는 학술세계에서도 생활세계에서도 영어로 편히 살아갈 수 있었다. 다만 한 가지가 아주 어려웠다. 지식 소비자에서 지식 생산자로 거듭나려면 영어로 명료하게 글을 쓰는 능력이 필수였다. 미국식 학술 글쓰기는 단순히 문장을 영어로 옮기는 수준이 아니라, 군더더기가 전혀 없어야 하고, 주장을 두괄식으로 제시해야 하며, 엄밀한 논리 전개는 물론이고 까다로운 형식도 빠짐없이 지켜야 했다. 박사과정을 함께했던 동기는 "학술 글쓰기는 그 누구의 모국어도 아니야(Academic writing is no one's first language)"라고 말하기도 했다. 그 말이 맞다는 걸 잘 아는데도 계속 주눅이 들었다.

쓰고 싶은 이야기는 많았지만, 이야기가 정돈이 되지 않아서 중구난방이 되고는 했다. 한번은 함께 글을 쓰고 있던 교수님께서 "미소야, 너의 문제는 영어가 제2언어라서가 아니야. 네 글쓰기에 대해 코멘트를 해서 미안하지만, 너의 생각을 더 간결하고 명료하게 제시해야 해"라고 말하셨다. 그 이후엔 혼자서 글쓰기를 붙들고 끙끙대는 습관을 버리고, 글더미를 챙겨 들고 학교의 글쓰기 센터에 가거나 친구들끼리 글쓰기 모임을 만들어서 초고부터 수정에 수정을 거듭하는 데 노력을 쏟았다. 다 완성된 글을 다른 사람과 돌려보는 게 아니라, 아이디어 단계부터 내가 생각한 게 말이 되는지, 내용을 전혀 모르는 사람에게도 명료하게 읽히는지를 확인해야 했다. 부끄러워질 때마다 글쓰기는 사회적 활동이라는 말을 마음속에 새기며, 처참한 수준의 원고를 들고 다니면서 계속 주변 사람들에게 읽어달라 부탁하고는 했다. 그렇게 자신을 몰아세운 이후에야 학술 글쓰기가 늘었고, 박사학위 논문을 무사히 마무리할 수 있을 정도로 실력이 올라가게 되었다.

박사학위를 마치고 일본에 넘어온 이후에는 아예 경험한 적 없던 세계를 배운 적 없는 언어로 만들어가야 했다. 도쿄나 오사카에 관광 몇 번 왔던 게 전부인데, 이제부터 여기에서 혼자 살아가야 한다니. 아주 기초적인 일본어는 할 수 있었지만 거의 못하는 편에 가까웠다. 언어 실력을 늘리려면 어떻게든 일본어로 대화를 해야 했는데, 내가 일하는 센터에서는 모두 영어로 소통했고 모든 행정 직원이 어느 정도는 영어를 구사할 줄 알았다. 첫해는 코로나의 영향으로 대면 수업도 불가능해서 온라인으로만 수업했던 터라 일본어를 쓸 기회 자체가 없었다. 일본에서 지내면서도 전혀 일본에 있는 것 같지가 않았다. 일본어로 학술세계를 만들어가는 건 언감생심이었다. 이미 탄탄히 만들어온 영어 학술세계를 유지하는 것만으로도 벅찼다. 하지만 내가 밟고 서 있는 이곳은 일본이었고, 생활도 일본어로 해나가야 했다. 전화로 음식점 예약을 하거나, 집에 문제가 있어서 관리 회사에 연락하거나, 대형쓰레기를 버리기 위해 전화를 걸거나, 크기가 맞지 않는 옷을 교환해야 할 때는 전부 일본어를 써야 했는데 막막했다. 당장 광고지도 읽기 힘든데 어떻게 생활세계를 만들어가야 할지 알 수 없었다. 시간이 해결해 준다는 말은 거짓말이었다. 시간이 흐를 동안 애쓴 내가 해결해 주는 거지, 가만히 시간을 흘려보내기만 한다면 해결되는 건 아무것도 없다.

영어로 생활세계를 처음 만들어갔던 미국 방문학생 시절을 여러 번 돌이켜봤다. 그때는 스마트폰도 파파고도 없었는데 어떻게 영어로 생활세계를 만들어갈 수 있었지? 사실 특별한 비법이 있던 게 아니었다. 언어 학습을 시작한 나이보다는 해당 언어로 쌓는 경험이 더 중요하다는 연구 결과를 마음에 지니고(Ortega, 2019) 계속 경험을 쌓아갔던 덕이었다. 안되는 전화라도 일단 준비해서 걸어보고, 실수하더라도 부딪쳐보고, 없던 취미 생활이라도 만들어서 사람을 만나고, 움츠러들더라도 내가 하려는 말을 계속 해야 했다. 2020년 11월 어느 날, 시부야에서 집까지 오는 열차를 탔을 때는 마음대로 되지 않는 일본어가 너무 답답해서 눈물을 뚝뚝 흘리기도 했다. 거저 얻어지는 건 아무것도 없었다. 언어를 배우려면 직접 자신의 발로 서서 스스로 관계를 만들어나가야 했다.

최근의 연구는 목적지향적이거나 미래지향적인 학생이라면 언어를 배우기 시작한 나이와 성취 수준은 큰 관계가 없고, 사춘기 이후인 13~14세에 제2언어를 배우기 시작한 학생이 8~9세에 시작한 학생보다 학습 속도가 오히려 더 빨랐다고 말하고 있다(Pfenninger & Singleton, 2016). 또한 어릴 때 받은 외국어 인풋(input)보다는 현재 받고 있는 인풋이 더 중요하다고 한다(Huang et al., 2018). 지금까지는 외국어 학습의 성공 정도를 실험실 같은 상황에서 해당 언어를 제1언어로 구사하는 사람과 비교해서 측정했지만, 최근에는 해당 언어로 기능할 수 있는지(Ortega, 2019), 즉 해당 언어를 사용해 여러 가지 목적을 달성할 수 있는지를 기준으로 평가한다. 결국 '일찍' 외국어를 배워서 '원어민처럼' 될 필요는 없다는 것이다. 자신이 만들어가고 싶은 세계를 만들고 안정적으로 유지하며 그 안에서 기쁘게 여행할 수 있다면 그게 곧 성공인 셈이다.

우리는 새 언어를 배우면서 새로운 세계와 관계를 만들어간다. 지금까지 한국어로 만들어온 세계는 가족과 친구와 함께 일상생활을 이어갈 수 있는 친밀하고 가까운 세계다. 태어나자마자 '엄마' '아빠' 등 보호자를 가리키는 말을 수만 번은 듣고 발음해 보고, 셀 수도 없이 많은 그림책을 듣고 읽고 이야기해 봤을 것이다. 학교에 가서 처음 교과서의 개념을 배우고, 친구들과 어울리고 때로는 다투기도 하면서 올바른 모국어 말하기 방법을 익혀오기도 했다. 의식적으로 생각해 본 적이 없었을 뿐이지, 우리는 아주 많은 시간을 들여서 모국어 세계를 만들고 지켜왔다.

외국어로 만들어가는 세계는 어학연수나 해외여행에서 사귄 친구와 SNS로 만들어나가는 세계일 수도 있고, 이메일로만 만나는 해외의 고객사와 협력하는 세계일 수도 있고, 넷플릭스에서 본 외국 배우의 사소한 정보를 좀 더 알기 위해 온라인으로 만드는 세계일 수도 있다. 화상 영어 선생님이나 영어 스터디 멤버들과 지어가는 세계일 수도 있고, 얼굴 한번 본 적 없는 온라인의 사람들과 익명으로 연결된 세계일 수도 있다. 세상이 많이 변한 덕에 직접 해외에 나가지 않아도 외국어로 다양한 관계를 만들어갈 수 있게 되었다. 안온한 모국어 세계에서 나오려면 큰 결심이 필요하지만, 외국어로 만들어가는 세계는 자신이 직접 어떤 세계를 만들어나갈지 정할 수 있고, 새로운 자아를 만들어가는 과정을 경험할 수 있기 때문에 매력적이다.

오늘도 내가 만들어온 외국어 세계를 다시 한번 돌아보고, 한 발짝 더 나아갈 수 있기를.

세계의 흔들림을 성장점으로 삼기

미국 박사과정 합격 편지를 받아들고 들뜬 마음으로 유학 준비를 하고 있을 때였다. 일주일에 20시간 학교에서 일하는 조건으로 5년간의 등록금이 면제되고 어느 정도의 생활비를 받기로 되어 있었지만, 20시간 동안 어떤 일을 하게 될지는 전혀 모른 채였다. 같은 과정을 졸업한 한국인 선배를 어렵게 만나서 물어보았을 때, 학부생을 대상으로 영어 글쓰기 수업을 하거나, 대학원생을 대상으로 영어 말하기 수업을 하거나, 연구보조 일을 할 수도 있다고 답해주었다. 나는 남을 가르친 경험이 얼마 없었던 터라, '설마 나한테 가르치는 일을 시키겠어? 한국에서 연구보조로 일했던 것처럼 서류 처리나 데이터 분석, 논문 정리 같은 거 시키겠지' 하고 가볍게 생각했다. 영어권에서 산 건 대학 시절 1년뿐이었고, 영어권에서 받은 학위도 없고 다른 사람보다 경력도 짧았으니 중요한 일을 시키지는 않을 것 같았다. '내가 영어 수업을 들어야 할 판인데 무슨 영어 수업이람? 나는 안 하겠지! 학과에서도 학생들한테

민폐 끼치고 싶지 않을 텐데!'라고 가볍게 생각하며 8월 입학 준비를 이어갔다.

5월 무렵, 이메일이 하나 날아왔다. 첫 학기부터 학부생 대상 3학점 영어 글쓰기 수업에 나를 배정했다고 알리는 이메일이었다. 맙소사, 나 같은 무경력 강사를 만나게 될 학생들은 무슨 죄라고! 기껏해야 수업조교나 연구보조 일을 하게 될 거라고 생각했는데, 예상이 완전히 뒤집히는 순간이었다. 학과는 뭘 믿고 나한테 수업을 맡기는 거지? 그것도 수업 보조가 아니라 3학점짜리 수업을 온전히 나 혼자 이어가라고? 당시 나는 학생들과 나이 차이도 얼마 나지 않았다. 대학생 앞에서 수업을 하라니! 교실에 앉아 있으면 내가 선생이라고도 아무도 생각하지 못할 게 분명했다.

첫 학기는 자괴감의 연속이었다. 분명히 학습활동을 여럿 준비해 갔는데 제대로 되지 않는 경우가 다반사였고, 생각했던 대로 수업이 흘러가지 않으니 속상했다. 그럴 때마다 "여러분, 여러분도 이 학교 신입생이죠? 저도 신입이에요. 우리 같은 신입끼리 잘 해봐요"라고 말하며 웃어넘기고는 했다. 두 번째 학기도 같은 수업을 맡았으니 더 잘 할 거라고 생각했지만, 오히려 한 번 해보았다고 생긴 근거 없는 자신감 때문에 겸손하지 못해서 처참히 실패했다. 세 번째와 네 번째 학기에는 연구보조 일에 배정되어서 다시 수업을 하지는 않았지만, 고민은 계속 늘어갔다. 나중에 직업을 갖게 되면 좋든 싫든 가르치는 일을 쭉 이어가야 할 텐데 어떻게 가르치는 일을 잘할 수 있을지 전혀 감이 오질 않았다.

2016년 2월, 박사과정의 네 번째 학기였다. 이대로는 안 되겠다 싶었다. 마음속에서 퐁퐁 솟아나는 불안이 나를 잠식할 것만 같았다. 계속 무시할 수 있었을지도 모르지만, 정면으로 돌파하는 게 어려워도 가장 깔끔할 것 같았다. 우리 과의 선생님 한 분에게 도움을 요청하는 이메일을 썼다. 흔쾌히 시간을 내주신 덕분에 함께 카페에서 이야기를 나눌 수 있었다. 헤이즐넛 커피를 주문하려고 했는데, 선생님께서 말하셨다. "한국에서는 연장자가 커피 사는 거라면서? 내가 살게." 얼떨결에 얻어 마시게 된 커피를 들고, 손님으로 꽉 찬 카페를 헤매다가 겨우 자리를 찾아 앉았다. 잠깐 잡담을 나눈 후에, 본론을 꺼냈다. 아래의 대화는 선생님과의 대화를 옮긴 것인데, 상당 부분 각색하여 다시 썼다.

"선생님, 저는 가르치는 게 무섭고 두려워요. 근데 앞으로 제가 뭘 하든 가르치는 일을 할 것 같고, 언젠가는 교사를 가르치는 일도 하게 될 거 같더라고요. 저는 가르친 경험도 너무 적고, 미국에 오기 전까지는 대안학교, 방과후 프로그램, 학원 같은 곳에서 짧게 가르친 적이 있었는데 그게 별로 좋은 경험은 아니었어요. 지금은 수업을 하고 있지는 않지만 곧 다시 하게 될 텐데 무서워요."

"아무리 경력이 많은 교사라고 하더라도 새로운 과목, 새로운 환경, 새로운 학생을 만나면 항상 다시 새로 시작하는 거야. 나는 경력이 꽤 오래 되었는데도 새로운 과목을 맡게 되면 어떻게 해야 좋을지 고민이 돼. 지금 네가 느끼는 감정은 정말 자연스러운 거야. 가르치는 일을 하는 사람들은 모두 그런 감정을 느끼고 있고, 경험이 아무리 많이 쌓인다고 한들 그런 불안이 없어지는 건 아니니까 자연스러운 거라고 생각해."

"저는 항상 불안해요. 내가 제대로 하고 있는 게 맞나? 학생들이 경험 많고 노련한 선생님을 만나 더 좋은 수업을 들을 수도 있었는데, 그 기회를 제가 뺏는 게 아닐까요? 제가 학생들에게 제대로 못 해주고 있는 거 같아요. 또 제가 생각했던 대로 수업이 잘 되지 않고 끝나버리면 제 자신한테 막 화가 나는 거 있죠. 그러고 나면 한참 기분이 안 좋아요."

"지금 네가 겪고 있는 불안함, 불편함, 불확실한 느낌이 결코 나쁜 게 아니야. 오히려 그 감정이 너의 성장점(growth point; McNeill, 2005)이 되어줄 거야. 이렇게 감정이 흔들릴 때 새로운 고민을 해보게 되고, 도움의 손길을 찾아 나서게 되고, 새로운 시도도 해보면서 상황을 개선해 보려고 노력하게 되잖아? 지금 네가 나를 만나서 이야기하고 있는 것처럼 말야. 너의 인지(cognition)와 감정(emotion)은 서로 엮여 있는 거야. 너는 지금 네 능력에 의문이 들잖아? 그래서 지금 감정이 흔들리는 거고. 그리고 그 흔들림 덕분에 나를 만나자고 얘기했고, 지금 우리 둘은 함께 얘기하며 더 성장할 수 있는 발판을 만들어가고 있어. 잘하고 있는 거야. 이 불편함이 너의 성장점이라는 걸 기억해."

"선생님, 저는 더 잘 가르쳐보려고 이것저것 공부도 해보고, 동료 선생님들과 하는 회의에도 매번 나가고, 동료 선생님의 참관수업도 다 가보고, 다른 수업 아이디어도 찾아보는데도 잘 안 돼요. 제가 국제학생을 위한 영어 글쓰기 과목을 담당했는데, 어떻게 하면 더 잘 가르칠 수 있을지 도저히 모르겠어요. 분명히 논문도 많이 읽고 이론도 많이 알고 있는데 그걸 어떻게 교실에서 써먹을 수 있을까요?"

"교사들이 종종 오해하는 게 있어. 새로운 이론이나 지식을 배운 후에 그걸 그대로 교육 현장에 가지고 가서 적용하는 게 아니야. 이론을 배우는 과정을 통해 학생의 학습 과정에 대한 이해를 넓히고, 교과 지식에 대한 더 깊은 지식을 갖게 되는 거지. 이 과정을 지나오면서 교사 자신의 가치관과 태도가 점점 바뀌고, 그게 교사의 수업에 영향을 주는 거야. 예를 들면 우리 과의 담화-기능 문법 수업 있잖아? 석사과정 학생들이 이 수업을 정말 좋아해. 그런데 학생들이 이걸 교실에 갖고 가서 어떻게 적용해야 할지 모르겠다고 고민해. 지식을 배운 그대로 학생들에게 전달하는 게 교사의 역할이 아니야. 단순히 문법 규칙만 알고 있는 교사와 문법의 의미, 용례를 깊게 알고 있는 교사가 수업을 한다면 다르지 않을까?"

선생님께서 마지막에 해주신 이야기는 예를 들면 이랬다. could 뒤에는 동사 원형이 온다는 것과 같은 단순한 규칙만 알고 있는 교사 A가 있고, could의 규칙뿐만 아니라 could와 would, may, might 등 다른 조동사와의 미묘한 의미 차이와 사용법 차이를 깊게 연구한 교사 B가 있다. B는 요청을 할 때 could가 can보다 좀 더 정중한 느낌을 줄 수 있고, 그 이유가 심리적 거리의 차이에서 생긴다는 사실을 안다. 보통 우리는 친밀한 상대와 거리를 좁히고 낯선 사람과는 거리를 둔다. 현재형 can은 대화 시점과 가깝고, 과거형 could는 대화 시점과 멀다. 이 시간적 거리를 활용하여 can은 좀 더 친밀한 사람에게, could는 낯선 사람에게 정중하게 말할 때 쓰인다(Larsen-Freeman & Celce-Murcia, 2015). 조동사의 현재와 과거는 단순한 문법 형태가 아니라, 심리적 거리와 관련이 있다. 이걸 모르는 교사 A와 아는 교사 B가 문법 수업을 한다면, 당연히 다를 수밖에 없다.

이후 박사과정을 지나오면서, 새로운 나라에서 새 삶을 꾸려나가면서, 이 대화를 수도 없이 다시 꺼내서 되뇌었다. 살아오면서 이 말이 나의 단단한 버팀목이 되어주었다. 지금 겪고 있는 어려움과 불편함이 결코 계속되지 않는다는 걸, 오히려 이럴 때 문제를 해결하기 위해 여러 방법을 물색해 보며 성장하게 된다는 걸 선생님과의 대화를 통해 배웠다.

2019년 2월, 딱 3년이 지난 후에 미국의 코네티컷주에서 펜실베이니아주까지 혼자 여섯 시간을 운전해 가는 길이었다. 취업에도 계속 실패하고, 박사학위 논문 심사에도 계속 떨어지던 시기였다. 책의 한 장(章)을 쓰는 데도 너무 고생하고 있었고, 인간관계에서도 더 이상 어쩔 수 없을 정도로 처절히 실패하고 있었다. 계속 실패만 쌓다 보니 더 이상 쌓을 실패가 없을 정도였다. 엉망진창인 삶을 어깨에 짊어지고 운전대를 잡고 달리면서 깨달았다. 나는 반드시 좋은 선생이 될 수 있을 거야. 이렇게나 많은 실패를 쌓아왔으니까.

제2언어를 가르치는 일은 학생들의 세계에 균열을 내고 새로운 제2언어 세계를 함께 지어가는 과정이다. 미국에서 영어 글쓰기 수업을 맡았을 때는 학술 글쓰기가 단순히 문법적으로 오류가 없는 문장을 쓰는 게 아니라는 사실부터 출발했다. 학술 글쓰기는 명료한 문제의식과 주제를 갖고, 탄탄한 근거를 사용해서 주장을 촘촘히 지어가는 과정이라는 전제를 깔았다. 이 과정을 학생들과 함께 한 학기 동안 체험해 보기 위해 학생들에게 학술 글쓰기의 가장 기본인 다섯 단락 에세이(서론 한 단락, 본론 세 단락, 결론 한 단락)부터, 자신이 풀고 싶은 문제를 육하원칙으로 기술하고 어떻게 해결할 것인지 설명하는 연구 제안서, 학술 자료로 구성된 주석, 그리고 이 제안서와 학술 자료를 바탕으로 한 논쟁 에세이(argumentative essay)를 쓰게 했다. 대학원 수업에서든 일본에서든 수업을 할 때면 학생이 갖고 오는 세계에 작은 균열을 내는 것부터 시작했다. 분명히 이 균열이 불편하고 불안할 것이다. 하지만 그 흔들림을 성장점 삼아 세계를 확장해 나간다면, 새로운 언어를 더 능숙하게 쓸 수 있게 될 것이다.

지금 세계가 불편하게 흔들리는 느낌이 든다면 성장점이 깨어나고 있다는 의미다. 이 불편함을 끌어안고 혼자 끙끙대지 말고, 다른 사람들과 이야기하고, 조언을 구하고, 새로운 시도를 해 나가자. 그러다 보면 언젠가 돌아봤을 때 자신의 세계가 더 탄탄해지고 넓어져 있는 걸 깨달을 수 있지 않을까.

나는 누구일까

나는 누구일까? 나는 한국인이고, 우리 가족의 반쯤 내놓은 딸이고, 우리 학교의 유일한 한국인 교원이고, 우리 센터의 막내이며, 네 반의 수업을 맡아 이끌고 있는 선생이다. 또 우리 구청 문화센터 일본어 교실의 개근 학생이고, 우리 집 앞 발레 교실의 세 번째 학생이기도 하다.

이렇듯 내가 속한 집단에서의 위치를 열거하며 나를 소개할 수도 있지만, 구직 인터뷰라면 아마 이렇게 말할 것이다. 국내 대학교에서 학사 및 석사과정을 마친 후 미국 동부의 주립대학교에서 박사과정을 밟았고, 여러 학술지에 논문을 실었고, 현재는 일본의 대학교에서 학생들을 가르치며 연구하고 있다고. 이 일을 한 지는 오래되었고, 교원자격증도 있고, 주로 영어 학술 글쓰기를 가르쳤지만 앞으로는 제2언어 학습 이론이나 교사 교육 관련 수업을 맡아보고 싶다고.

격의 없는 사이라면 이렇게 소개할 수도 있을 것이다. 나는 1

년 365일 중 363일은 아침을 챙겨먹고, 스타벅스에 앉아 하염없이 보내는 시간을 사랑하고, 어릴 적 천사소녀 네티가 긴 머리 높게 묶고 요술봉을 휘두르는 게 너무 멋져 보여서 두발 제한이 있던 중학생 이후로는 쭉 긴 머리를 고수하고 있으며, 주변 모든 것을 분홍색으로 깔맞춤하는 버릇이 있고, 최근에는 귀여운 접착 메모지를 모으는 취미가 생겼다고.

한국어로 만나는 사람들과는 위의 여러 가지를 섞어서 나를 소개하지만, 영어로 만나는 사람들과는 그러기가 어렵다. 대학원에서 함께 공부한 친구, 동료 교수님, 학회에서 만나는 동료 연구자 등 일로 맺어진 관계이다 보니 영어로 쓴 자기소개는 아주 건조하다. 가장 최근에 영어로 쓴 자기소개 글은 여섯 줄 남짓한 내 프로필이었다. 직함, 연구 분야, 논문을 발표한 학회지 이름, 앞으로의 연구 관심사 정도를 적은 아주 딱딱한 토막글이었다. 너무 딱딱해서 뚝뚝 부러질 것만 같은 소개였다.

일본어를 매개로 만나는 사람들은 아직 소수이지만, 보통 요리 수업, 발레 학원, 일본어 교실 등 여가 생활의 공간에서 사람들을 만난다. 일본어로 나를 소개할 때는 여기에 온 지 얼마나 되었는지, 어디에 살고 있는지, 일본에서 어딜 가봤는지, 취미 생활은 얼마나 오래 했는지 등 신변잡기적인 일본 생활에 대해 주로 이야기했다. 한국 드라마 이야기도 십중팔구 나오지만, 나는 드라마를 전혀 보지 않아서 아쉽게도 잘 모르고 트와이스를 좋아한다고만 말씀드렸다.

아주 간단한 질문, "나는 누굴까?"에 대한 대답은 관계에 따라 바뀐다. 자신의 자아상은 단단하게 고정된 동상 같은 게 아니라, 관계에 따라 말랑말랑하게 바뀌는 마시멜로에 가깝다.

그렇다면 언어에 따라서 나도 바뀔까? 다중언어자는 각 언어마다 성격이 다르다는 이야기가 있다. 가령 한국어로 말하면 다른 사람 눈치를 보는 성격이 되는데, 영어로 말하면 자기 주장이 강한 성격이 된다는 뜻이다. 언뜻 그렇게 느낄 수도 있겠지만, 실제로는 좀 더 복잡하다.

각각의 언어마다 꼭 말해야 하는 자질이 있다. 한국어라면 상대와 나의 나이 및 지위 차이에 따른 호칭을, 영어라면 he와 she의 구분이나 수 일치, 주어의 존재를 표현할 수 있어야 한다. 일본어의 경우는 자신을 지칭하는 대명사 종류를 구분해 사용한다. 언어의 자질 때문에, 다른 언어를 사용할 때는 신경도 쓰지 않았을 요소를 특정 언어를 사용할 때는 꼭 인식해야 하는 경우가 생긴다.

한국어는 상대와 나의 관계를 섬세하게 인식하지 않으면 대화를 이어나가기 어렵다. 예를 들어 한국인에게 '친구'는 동갑인 사람만 포함하는 경우가 많다. 나와 친한 사람이 나보다 두 살 많은 여자고 나 역시도 여자라면, '내 친구'라고 부르기보다는 '친한 언니'라고 부르는 게 일반적이다. '내 친구'라고 말하면 동갑일 거라는 오해를 산다. 이처럼 한국어를 쓸 때는 계속 타인과의 위계관계를 인식해야 하고, 관계 안에서 나의 자리를 찾아 그에 맞는 언어를 구사해야 한다.

영어로 이야기할 때는 꼭 주어부터 생각해야 한다. 보통의 대화 상황에서는 자기 자신이 주어가 되는 경우가 많으니 매 문장마다 I를 외쳐야 한다. 내가 말하고 있는 걸 상대도 알지만 나를 지칭해서 문장 안에 실어주지 않으면 말을 꺼낼 수조차 없는 셈이다. 또 대화 안에 제삼자가 등장한다면 그 사람이 남성인지 여성인지를 꼭 밝혀야 한다. 한국어라면 "내 고등학교 친구의 친구가 그 캠핑장에 가봤는데, 걔는 거기 별로였대" 같은 말을 순조롭게 쓸 수 있다. '걔'의 성별은 알 필요가 없다. 반면 영어를 사용한다면 그 사람이 he인지 she인지 알아야 한다. '걔'처럼 한 사람을 지칭하는 중성대명사 they가 있긴 하지만 아직 회화에서 널리 쓰이지는 않는다. that friend처럼 우회해서 쓸 수도 있겠지만, 대명사를 써야 할 경우엔 he인지 she인지 알아야 한다. 영어로 이야기할 때는 I를 계속 외쳐야 하고, 대화에 등장하는 사람의 성별도 계속 인식해야 한다.

일본어를 배우는 사람들은 자기 자신을 가리키는 호칭을 맥락에 맞게 써야 한다. 한국어는 자신을 지칭할 때 '나는' 또는 '저는'이라는 표현을 쓰지만, 일본어는 자신의 성별 및 상대방과의 관계에 따라 자신을 지칭하는 대명사를 바꿔서 쓴다. 예를 들어 내 수업에서 한 남학생은 옆자리에 앉은 친구들과 대화할 때면 자신을 보통 오레(俺)라고 지칭하지만, 선생님이나 직원들과 대화할 때는 보쿠(僕)로 바꾸어 쓴다. 반면 여학생들은 친구들과 대화할 때도 나와 대화할 때도 와타시(私)를 쓴다. 여학생이 자신을 오레(俺)라고 지칭하거나, 남학생이 격의 없는 친구와 대화할 때 자신을 와타시(私)라고 지칭하면 어색하다. 일본어를 할 때는 자신의 성별이 무엇인지, 대화 상대와 어떤 관계를 맺고 있는지를 계속 인식해야 한다.

내가 말하고 싶은 이미지가 이미 내 머릿속에 있더라도, 어떤 언어로 풀어내고 싶은지에 따라 어느 부분에 주의를 기울여 말해야 하는지가 달라진다. 언어가 강제하는 자질 때문이다. 그러다 보니 언어에 따라 세상을 인식하는 법이 약간 달라질 수 있다. 예를 들어 회사에서 김 이사가 이 대리에게 말하고 있는 이미지를 영어로 설명할 때, "Director Kim is talking to Assistant Manager Lee"라고 이야기하는 경우는 드물다. 영어를 쓸 때는 보통 직급이 아니라 이름으로 지칭하기 때문이다.

하지만 언어 자체의 제약보다는 각 언어로 어떤 경험을 해왔는지, 어떤 관계를 만들어가고 있는지, 어떤 맥락에서 언어를 사용해 왔는지가 더 중요하다. 즉 이중언어자는 언어에 따라서 성격이 바뀌는 게 아니라, 각 언어의 문화에 맞는 행동양식을 따르게 되는 것이다(Chen & Bond, 2010). 한국어로 대부분의 생활을 하는 한국인이라면 일, 생활, 가족, 여가 등 모든 관계가 한국어를 매개로 만들어져 있으니 자연스럽게 상황에 알맞은 언어를 구사한다.

성인이 된 이후 영어를 매개로 만들어가는 관계는 다르다. 일단 상대가 한국에서 나고 자라지 않았을 테니 한국식 상하관계에서 벗어날 수 있고, 좀 더 자유롭게 관계를 맺어갈 수 있다. 다만 경쟁적이고 딱딱한 비즈니스 환경에서 만든 관계라면 오히려 영어로 말하는 게 더 답답하게 느껴질 수도 있다. 소위 말하는 '백인 영어 원어민' 사이에서만 계속 영어를 써왔다면 영어를 쓸 때 자신도 모르게 주눅이 들 수도 있다. 반면 영어가 제1언어가 아닌 친구들과 배낭여행을 하며 영어를 써왔다면 영어 자체가 새롭고 도전적인 언어로 느껴질 수 있다.

"나는 누구일까?"에 대한 답은 내 안에서만 나올 수 있는 게 아니다. 나는 집단 속의 나이기도 하고, 다른 사람 속의 나이기도 하고, 어떤 역할로서의 나이기도 하고, SNS에 투영하고 싶은 이미지로서의 나이기도 하다. 언어는 나와 세계를 맺어주는 매개로, 나를 만들어주고 나와 타인들을 관계 지어준다. 내가 갖고 있는 성격이 언어에 따라 바뀌는 게 아니라, 나 스스로 언어와 함께 정체성을 빚어나가는 것이다.

괜찮아.
아직 완벽하지 않더라도

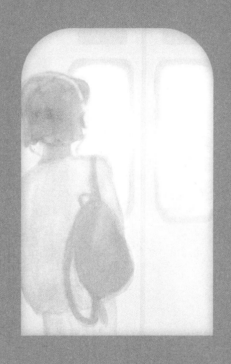

문화를 담은 영어

2018년 여름이었다. 러시아, 사우디아라비아, 일본에서 온 학생과 한 교실에서 접속사를 사용해서 이야기를 만들고 있었다. 이야기를 만들다 보니 세계 각국의 혼인 제도가 언급되었고, 위키피디아 페이지를 열어서 여러 나라의 혼인 제도를 소개하게 되었다.

"여기에 있는 polygyny(일부다처제)라는 말 보이시죠? 남자 한 명에 여자 여러 명이 결혼하는 형태예요. 사우디에서는 흔한 형태죠." 내 말이 끝나자 사우디 출신 학생이 물었다. "여자 하나에 남자 여럿이 결혼하는 형태도 있나요?" 나는 위키피디아 페이지를 다시 띄우며, "그건 polyandry(일처다부제)라고 해요. 흔하지는 않지만 이 문화를 간직하고 있는 소수민족도 아직 있어요. 우리 교실에는 일본, 러시아, 사우디아라비아, 한국에서 온 사람들이 모여 있고, 우리가 수업을 듣고 있는 이곳은 미국이네요. 이 다섯 나라 중에서 미국은 same-sex marriage(동성결혼)도 가능해요. 2015년에 합법화되었어요. 또 유럽의 몇몇 국가에서는 civil union(시민결합) 제도를 두고 있고, 타이완에서도 동성결혼은 합법이에요"라는 말까지 마쳤을 때였다.

"디스 메이크 어 랏 오브 프로블럼, 디스 어 랏 프로블럼, 디스 어 랏 오브 프로블럼!" 사우디 학생이 외쳤다. 순간 깜짝 놀랐다. 당시 우리가 공부하던 학교는 동성결혼이 문제라고 말하면 혐오 발언으로 간주될 우려가 있었다. 성소수자의 상징인 프라이드 깃발이 여기저기 걸려 있었고, 성소수자 학생을 위한 제도가 두루 마련되어 있었다. 자신의 신념 때문에 절대로 동성혼을 인정할 수 없다고 하더라도 이를 공개적으로 발언하는 건 다른 문제였다. 교실에 있는 학생 중 몇몇은 집중 영어 과정을 끝내고 이 학교의 학위과정에 진학하는 걸 목표로 하고 있었다. 영어 과정에서는 이런 말을 해도 문화의 차이라며 넘어갈 수 있을지도 모르지만, 정규학위 수업 중에 이런 말을 한다면 큰 문제가 될 수 있었다. 이 학생들이 의도치 않은 실수를 저지르기 전에 지금 여기에서 멈춰야 했다.

내가 당황한 사이에 학생들의 대화는 걷잡을 수 없이 흘러가고 있었다. 여학생 한 명이 "남자는 돈 많아야 예쁜 여자 만날 수 있잖아"라는 말을 던졌다. 남학생들이 "여자들 번쩍번쩍거리는 거 좋아하잖아, 그거 뭐야, 그거 이름" 하고 몸짓을 하길래 "쥬얼리"라고 단어를 말해주었다. 그 이후에는 명품 가방, 비싼 차 등

여성에 대한 고정관념에서 비롯된 단어들이 계속 쏟아져 나왔다. 러시아 학생 한 명이 말했다. "모스크바 걸은 명품 좋아해. 모스크바 걸은 좋은 차 있는 남자들한테 끌려."

나는 모스크바에서 왔지만 이 고정관념과는 완전히 반대되는 친구를 한 명 알고 있었다. 그래서 더욱 이 대화를 멈추고 좋은 질문을 던져서 화제를 돌리고 싶었다. 학생들이 성별 고정관념을 갖고 있다 하더라도, 그걸 공적인 장소인 교실에서 당당하게 발언하면 안 되었다. 방금 전 성소수자에 대한 이야기도, 성별 고정관념에 대한 대화도 지금 여기에서 멈춰야 했다. 머릿속이 하얘지고 있는 사이에도 대화는 계속 흘러갔다.

결혼에 대한 이야기를 하다 보니 중매결혼에 대한 이야기도 이어서 나오게 되었다. 학생 한 명이 사우디에서는 성인 남녀가 서로 만날 수가 없는데 어떻게 결혼을 하는지, 전부 중매결혼을 하는지 물어보았다. 사우디 학생이 "보통 어머니가 만남을 주선하고, 중매 자리에서는 여자도 얼굴을 드러내고 이야기할 수 있어. 남자든 여자든 마음에 들면 예스 마음에 안 들면 노 하면 돼"라고 말했다. 그러다가 희망하는 여성상에 대한 이야기가 나왔고, 고분고분하며 남자를 항상 존중해주는, 따뜻하고 상냥한 여자가 좋다는 말까지 나오게 되었다. 취향을 갖는 건 자유라고 해도, 교실은 공적인 장소였다.

이 수업에 있는 다른 사람들이 "사우디 폴리지니 메이크 어 랏 오브 프로블럼!" 혹은 "남자는 돈 많이 벌어야 해!"라고 외치지 않는 것처럼, 그 학생에게 교사로서 여러 형태의 결합에 대한 관용과 다른 성에 대한 편견 없는 시선을 제시하고 싶었다. 내가 좀 더 노련한 교사였다면 그 자리에서 좋은 논의로 이어질 질문을 던지거나 학생이 한 말을 토대로 고정관념에 대한 수업을 이어갈 수도 있었을 텐데, 그러지 못한 채 '이러면 안 되는데, 여기서 멈춰야 하는데' 하고 생각만 하다가 타이밍을 놓쳐버렸다. 결국 내 수업에서 학생들에게 관용과 편견 없는 시선을 길러주지는 못했다.

타문화에 대한 관용과 존중은 어떻게 생기는 걸까? 다국적 학생들을 한 교실에서 가르치다 보면 학생들도 나도 서로의 문화에 충격을 받을 때가 있다. 어느 날은 일본 학생이 일본 음식 레시피를 설명하며 이 요리에는 사케가 살짝 들어간다고 말했다. 나는 일본 학생의 말을 잠깐 멈추고 사우디 학생들에게 물어보았다. "사케가 뭔지 아세요?" 학생들은 어리둥절한 표정이었다. "사케는 알코올이에요~"라고 말한 뒤, 일본 학생에게 말했다. "이 친구들은 알코올을 안 먹어요." 일본 학생의 눈이 커다래졌다. 그 학생은 "아니 어떻게 알코올을 안 먹을 수 있어, 나는 절대로 사우디 사람 못 되겠네"라고 말하며 놀라워했다. 내가 덧붙였다. "그런데

요리에 넣는 사케는 나중에 알코올 성분이 다 날아가서 괜찮아요."

사우디 친구들 사이에서 무슨 말이 오갔다. "사우디에서는 알코올 절대 먹을 수 없어요." "물론 블랙마켓에는 있지만요." 사우디에서 쿠란 교사였던 학생이 갑자기 다른 사우디 학생에게 무언가를 아랍어로 말한 후에 다시 영어로 말했다. "알코올은 사람을 바꿉니다. 우리는 그걸 경계합니다. 그래서 알코올 안 먹습니다. 그런데 알코올이 들어 있는 줄 모르고 먹었으면 괜찮습니다"

집에 돌아온 후에 쿠란 교사였던 학생이 했던 말을 곱씹어보았다. 한국은 너무 술에 관대한 나머지 회식도 일의 연장으로 취급되고, 심지어 음주를 하고 범죄를 저지르면 심신미약으로 봐주기도 한다. 한국인의 시선으로 보면 술을 절대 마시지 못하게 하는 사우디가 너무 이상하게 보이겠지만, 사우디인의 시선으로 보면 한국의 금요일 밤 번화가가 둘도 없이 이상하게 느껴지겠지. 술만 먹으면 모두가 관대해지는 곳과 술을 아예 금지하는 곳. 결혼할 여성을 타국에서 데려오라고 보조금을 주었던 나라와 한 남자가 부인을 네 명까지 둘 수 있는 나라. 성형 광고가 빈틈없이 붙어 있는 번화가가 익숙한 나라와 눈만 빼고 모두 가리는 부르카를 입고 다니는 나라. 각자의 시선으로 보면 서로의 문화가 말도 안 되게 이상하게 느껴질 것 같다. 내 자리를 떠나서 또다른 시선으로 문화를 바라본다는 게 얼마나 중요한 일인지 새삼 깨달았다.

내 자리를 떠나서 다른 이의 시선으로 문화를 바라보는 능력은 어떻게 생기는 걸까? 만약 내가 한국에서만 평생 살았다면 이렇게 생각할 수 있었을 것 같지 않다. 사우디 군인, 사우디 쿠란 교사, 이란인 동기, 러시아인 학생, 일본인 룸메이트, 미국과 에콰도르에서 온 친구까지. 이들과 계속 교류하면서 내 생각의 지평을 넓혀간 덕이었다. 그렇다면 다양한 사람과 교류할 기회는 누구에게 주어지는가라는 질문이 또 이어졌고, 간단히 답할 수가 없었다.

언어와 문화는 떨어질 수 없다. 영어 교실은 좋게 말하면 다문화의 광장이었지만, 달리 말하면 다문화의 격전지였다. 학생과 교사가 갖고 오는 문화, 학교 또는 학원의 문화, 교재가 담고 있는 문화와 현지의 문화가 모두 모양을 달리한 채 한 교실에서 둥둥 떠다녔다.

종종 이렇게 떠다니는 문화를 잡아 수업에 활용하기도 했다. 각 나라에서 어떤 음식을 자주 먹고 그렇게 된 배경은 무엇인지, 결혼식이나 성년식 등의 의례는 어떻게 치르며 그 안에 담긴 의미는 무엇인지 등을 설명했다. 이처럼 수업에 서로 다른 문화를 활용한다면 서로의 문화에 대한 이해와 관용의 폭을 넓힐 수도 있었다. 그렇지만 문화들은 종종 충돌하면서 서로의 세계에 균열을 내기도 했다. 이때를 노려서 학생의 세계가 더 넓어지도록 도와줄 수도 있었을 텐데, 아직 그만큼 노련하지 못해서 망연자실하는 일이 많았다. 분명히 교실의 모두가 영어를 쓰고 있었지만 그 속에는 서로 다른 문화가 담겨 있었다.

영어에 담긴 문화는 "미국인들은 추수감사절에 칠면조를 먹고, 풋볼을 좋아하고, 고등학교를 졸업할 때는 파티를 하고…"처럼 납작하게 설명될 수 없다. 영어는 제1언어로 구사하는 사람보다 제2언어로 구사하는 사람이 더 많은 언어다. 영어를 배운다는 건 전 세계인과 소통할 수 있는 도구를 익히는 일이기도 하지만, 동시에 다른 문화와 충돌하고 서로의 문화에 균열을 내며 세계를 넓혀가는 일이기도 하다. 다문화의 격전지에 우두커니 서서 생각했다. 이 격전지에서 언젠가는 능숙한 교사가 되어 서로 다른 문화들을 중재해 보겠다고.

"취미가 뭐예요?"를 어떻게 말할까

어느 날 인터넷에서 방송인 타일러 라쉬가 "취미가 뭐예요?"라고 묻는 광고를 보게 되었다(리얼클래스, 2019). 타이머가 재깍재깍 돌아가더니 "What's your hobby?"는 "땡땡~ 아니죠"라고 말한 후, "What do you do for fun?"이 옳은 표현이라고 알려주는 광고였다. 전자는 딱딱한 표현이라 사교 목적으로 쓸 때는 후자가 더 나은 표현이라고. 이 광고는 시리즈로 제작되었는지 여러 편이 더 있었다. "코트를 벗지 마"는 "Don't take your coat off"보다 "Keep your coat on"이라고 표현하는 게 더 자연스럽다고 하는 광고도 그중 하나였다.

이 광고 시리즈가 소소하게 인기를 끄는 걸 보며 여러 생각이 들었다. 사실 한국어로도 "취미가 뭐예요?"라는 말은 면접장에서나 지원자에게 더 이상 물을 게 없을 때 쓰는 문장 아니었나? 보통은 "요즘 뭐 하고 놀아?" "퇴근 후에는 뭐 하세요?" "뭐 하는 거 좋아하세요?"라고 묻는데. "코트 벗지 마" 역시 마찬가지다. 보통은

"추우니까 코트 그냥 입고 있어" 같은 식으로 말하지, 벗지 말라고는 말하지 않는 것 같은데. 사실 "What's your hobby?" 혹은 "Don't take your coat off" 둘 다 좋은 문장이고 의미도 잘 전달된다. 그렇다면 무엇이 문제일까? 왜 이런 광고가 계속 유행하는 걸까?

그 이유로 두 가지 정도가 떠올랐다. 첫 번째는 원어민, 특히 미국이나 영국 출신의 백인처럼 영어 하기가 마치 영어 학습의 유일무이한 목표로 제시되는 것이다. 두 번째는 '순수하고 정확한 영어'라는 게 마치 진공 속에 실재하고 모든 학습자가 그걸 따라야 하는 것처럼 몰아가는 사회 분위기다.

첫 번째 경우를 살펴보자. 몇십 년 전에는 실제로 원어민이 제2언어의 모델로 제시되기도 했지만 요즘은 그렇지 않다. 예전에는 제2언어를 배우고 있는 성인 학습자의 언어를 '중간언어(interlanguage)'라고 불렀다. 제1언어와 제2언어 둘 다 아닌, 학습자의 언어라는 뜻이다(Selinker, 1972). 제2언어 학습을 쭉 이어가다 보면 중간언어의 특성인 문법 오류나 어색한 표현이 점점 적어지겠지만, 도중에 실력이 늘지 않고 그대로 화석화되는 일도 적지 않다고 보았다.

최근에는 이 개념을 잘 쓰지 않는다. 제2언어 학습은 흰색에서 검정색으로, 비원어민에서 원어민으로 가는 중간 과정이 아니다. 제2언어를 배우는 이유는 그 문화에서 나고 자란 원어민과 똑같이 말하기 위함이 아니라, 나의 시선으로 그 언어와 문화를 직접 바라보기 위함이다. 나다운 고유함이 가장 소중하다.

가령 티브이 프로그램 〈비정상회담〉이 재미있는 이유는 우리의 문화를 외국인의 시각으로 보여주기 때문이다. 우리에게 익숙한 것을 다른 방식으로 보게 해준다. 제2언어를 배우는 모든 사람에게 이 같은 능력이 있다고 생각한다. 누군가에게는 당연한 일을 새로운 관점으로 바라볼 수 있게 해주는 것.

세상은 원어민과 비원어민, 흑과 백의 이분법에 갇혀 있지 않다. 서로 다른 언어를 구사하는 사람들이 각자의 다양한 색깔을 드러내며 함께 살아간다. 제2언어를 배워서 그 언어의 원어민처럼 되는 건, 오히려 자신이 갖고 있는 독특한 색깔을 잃어버리는 것 아닐까?

다양성을 강조하는 이유는 다양성 자체를 지키기 위해서가 아니라, 다양한 사람이 모여 있어야 새로운 생각을 만들어낼 수 있기 때문이다. 원어민이 비원어민에게 기대하는 건 자신들과 똑같은 표현으로 말하는 게 아니라, 비원어민만이 줄 수 있는 새로운 시각이다. 우리는 한국에 온 외국인이 한국어 원어민처럼 말할 거라고 기대하지 않는다. 한국인처럼 이야기하는 사람을 만나려면 한국인을 만나면 되지, 왜 외국인을 만나겠는가? 영어를 모국어로 쓰는 사람들도 비슷하게 생각하지 않을까? 내가 말하려는 의미를 정확하게 전달하는 건 중요한 일이지만, 원어민이 쓰는 말을 경전처럼 받들며 앵무새처럼 반복할 필요는 없다.

두 번째, 언어는 진공 속에 존재하지 않는다. 한국어, 영어, 일본어, 프랑스어 등 언어는 꽉 막힌 격벽을 사이에 두고 따로따로 갇혀 있는 게 아니다. 언어는 서로 얽히고설키면서 뿌리를 뻗어가고 새로운 의미를 만들어나간다. 오지선다 시험에서는 언어의 맞는 표현와 틀린 표현을 명확히 구분하지만, 실생활에서 사용하는 언어는 칼로 무 자르듯 명확한 오답이 존재하지 않는다. 오히려 틀린 것 같은 표현이 더 창의적으로 들리기도 한다.

여러 언어나 방언을 구사하는 사람들을 보면, 이 언어에서 저 언어로 자유로이 넘어다니는 걸 볼 수 있다. 어느 날은 카페에서 친구와 대화하고 있는데 휴대폰이 울렸다. 엄마였다. "어 엄마 와?" 로 대화를 시작하고 난 후, "내 오늘 밤에 전화한다 안 캤나. 지금 내 밖이라가 이따가 집 가가 전화한디"로 통화를 마쳤다. 옆에 있던 친구가 물었다. "너 엄마랑 싸웠어?" 내가 대답했다. "아니! 우리 일상 대화가 원래 이래." 대화 상대가 바뀌며 나도 모르게 대구 방언과 서울 방언을 넘나든 셈이다.

그때그때 방언을 바꿔가며 사용하기도 하지만, 여러 언어를 일상적으로 쓰는 사람과 대화하다 보면 자연스레 다양한 언어를 섞어서 이야기하게 된다. "지금 덴샤(전철) 탔는데 기리기리(아슬 아슬)할 것 같아서 미리 고멘(미안)!" "오늘 zoom(화상회의 프로그램)으로 advisor(지도교수)랑 meeting(회의) 하면서 research proposal(연구 제안서) 이야기하는데 갑자기 delivery(배달) 와서 진짜 깜놀했잖아!" "오늘 원래 3시에 보기로 했는데 못 봐서 잔넨(유감) ㅠㅠ" 해외에서 한국인과 대화하거나, 해외에 오래 산 한국인과 대화하다 보면 이런 말투가 너무 자연스러워서 언어 간의 경계를 몇 번 뛰어넘었는지 의식조차 못 하기도 한다. 이렇게 여러 코드를 섞어 말하는 걸 '코드믹싱(code-mixing)'이라고 부른다.

이때 단순히 코드를 섞는 것뿐만 아니라, 여러 언어의 의미 자원을 함께 써서 아예 한 언어만으로는 표현할 수 없는 의미를 만들어내기도 한다. 아래 사진은 도쿄 인근에서 한국인이 거의 거주하지 않는 지역의 쇼핑몰을 걷다가 우연히 본 광고판이다. 이 광고판은 한국어, 일본어, 영어와 같은 세 언어와 글씨체, 색상, 기호, 사진 등의 요소를 다채롭게 써서 한 언어만으로는 표현할 수 없는 의미를 만들고 있었다.

이 가게는 10대 후반에서 20대 초반 여성을 타깃으로 한국 풍의 옷을 파는 가게였는데, 주 소비층에 맞춰 "핑꾸핑꾸♡"(사진 중간) 혹은 "어떤 스타일 좋아하세요? ㅎㅎ"(중간 오른쪽)처럼 표준어가 아닌 한국어를 차용하여 젊은 한국 여성이 보여줄 만

한 분위기를 만들려고 노력하고 있었다. 이상하게 느껴지는 표현
도 종종 있었는데, 가령 "어서오십시오. 이리들어오십시오"는 말
이 안 되는 건 아니지만, 십 대, 이십 대 여성이 타깃인 한국의 옷
가게라면 "구경하고 가세요" 혹은 "어서오세요"라고 썼을 것이
다. 오른쪽 아래의 "얼짱"이라는 단어는 "짱"의 이응 받침에 줄을
두 개 그어 장식했는데 아마 한국어 원어민이라면 이렇게 장식하
지는 않았을 것이다. 오른쪽 중간에 있는 "EGGE"는 아마도 단어

"EDGE"를 따서 만든 표현 같았다. 이 광고판을 보는 절대다수는 십 대에서 이십 대 일본인 여성이므로, 한국어나 영어 표현의 정확도보다는 사진, 문자, 색상 등이 함께 만들어내는 한국적인 분위기가 더 중요했을 것이다. 이렇듯 언어, 사진, 글씨체, 선, 배치 등 모든 의미 자원이 섞여 새로운 의미를 만들어내는 현상을 '코드메싱(code-meshing; Canagarajah, 2011)이라고 부른다.

코드믹싱, 코드메싱 같은 용어가 중요한 게 아니라, 각 언어가 혼자 뚝 떨어져서 고립되어 있는 게 아니라는 사실이 중요하다. 언어는 진공 상태에서 존재하지 않는다. 한국어의 경우 당장 신문을 펼쳐봐도 국한문 혼용의 잔재가 남아 있고, 노래 가사에는 영어, 스페인어, 불어, 한국에서 만들어진 영어 단어가 서로 섞여 있다. 커피 용어는 이탈리아에서 온 단어를, 요리나 제과제빵 분야에서는 프랑스에서 온 단어를 그대로 쓰고 있다. 사실 영어라는 언어도 라틴어, 프랑스어, 네덜란드어 등이 모두 섞여서 발달해왔다. 순수한 영어 혹은 순수한 한국어라는 건 존재할 수 없다.

"What's your hobby?"도 "what do you do for fun?"도 좋은 문장이다. 만약 여러 언어를 넘나드는 친구라면 "What's your 취미?" "What do you do after 퇴근?"처럼 말할 수도 있다. 아니면 의미 자원을 활용하는 방법으로, 스마트폰 사진 앱을 켜서 직접 사진을 보여주며 이게 내 취미인데 너는 취미가 뭐냐고 물어볼 수도 있다. 원어민처럼 말하지 않는 게 나쁜 게 아니라, 원어민처럼 말하지 않는다고 핀잔을 주는 사람이 나쁘다. 언어는 진공 속에서 존재하지 않으며, 원어민의 언어가 항상 맞는 것도 아니다. 원어민처럼 말하는 것보다, 자신에게 주어진 의미 자원을 활용하여 자신만이 가질 수 있는 생각과 관점을 제시하는 게 훨씬 가치 있는 일이다.

'오타쿠 외국어'

인터넷을 돌아다니다가 '오타쿠 외국어'에 대한 이야기를 접했다. 실제 일상이 아닌 각종 매체를 통해 외국어를 접하다 보면 일상에서 쓰는 표현은 전혀 모른 채 특정 매체에서 주로 나오는 표현만 능숙하게 구사하게 되는 현상이다. 예를 들어 "너는 혼자가 아니야. 세상이 끝나는 날까지 너를 지키겠어" 같은 말은 일본어로 구사할 수 있지만, "아이스 아메리카노에 샷 추가하고 얼음 많이 주세요" 같은 간단한 회화는 할 수 없는 상태다.

일본에 온 후 구청에서 여는 일본어 교실에 갔을 때, 가족에 대해 소개해야 할 일이 있었다. 예전에 일본 애니메이션 〈카드캡터 체리〉를 봤는데, 체리가 오빠를 "お兄ちゃん(발음: 오니쨩, 뜻: 오빠)"이라고 부르던 게 기억났다. 나도 오빠가 한 명 있으니 똑같은 단어를 써서 선생님께 소개했는데, 선생님께서 떨떠름한 표정을 지으시며 "兄(발음: 아니, 뜻: 형 또는 오빠)"라고 부르는 게 더 적절하다고 알려주셨다. 전자는 어린 여자아이가 친근한 관계에서 쓰는

표현이고, 다른 사람에게 자신의 형제를 소개할 때는 일반적으로 후자의 표현을 쓴다고. 순간 얼굴이 확 붉어졌다. 실생활에서 '오타쿠 외국어' 흑역사를 만들다니!

어느 날은 병원에서 잔뜩 긴장한 채 검사 결과에 대한 설명을 들었던 일이 있었다. 모니터에 내 CT 사진이 크게 떠 있었는데, 한국에서도 CT 사진을 찍어본 적이 없어서 설명을 제대로 알아들을 수 있을까 걱정되었다. 스마트폰에 네이버 일본어 사전을 띄운 채 의사가 오기를 기다렸다. 역시 의사는 내가 일본어에 서투른 외국인이란 사실을 신경 쓰지 않고 빠르게 말하기 시작했다. 정신이 혼미해지려고 하는 순간 아는 단어가 나왔다. "흉터(傷あと)." 이 단어를 따로 외운 건 아니었는데, 동명의 일본어 게임이 있어서 뜻을 알고 있었다. 알아들은 말을 주워 담아 종합해 보니 흉터가 남아 있긴 하지만 현재 진행되고 있는 병은 아니니 주기적으로 검사를 받으면 괜찮다는 뜻이었다. 중학교 시절 애니메이션과 게임을 섭렵하며 배운 일본어가 잠시나마 빛을 본 순간이었다.

미국에 살 때는 영어로 편하게 의사소통하며 살다가, 갑자기 일본어 초보자가 되어 일본에 뚝 떨어지고 나니 영어 공부에 대한 질문을 받을 때면 일본어가 안 돼서 힘들어하던 내 모습이 항상 겹쳐 보였다. 없는 시간을 짜내서 어떻게든 해보려고 노력은

하는데 잘 안 되는 답답함, 어떤 자료로 어떻게 공부를 해야 할지도 알 수가 없는 막막함. 똑바로 말을 못 해서 오해받는 것 같고, 왠지 모르지만 무시당하는 것 같은 기분 나쁨. 애니메이션을 오래 봤으니 "잔혹한 악당! 너를 쓰러뜨리겠다!"는 쉽게 말할 수 있지만 병원에 가서 내게 꼭 필요한 정보는 제대로 알아듣지 못하는 데서 오는 좌절감. 이런 감정 때문인지 '오타쿠 외국어'에 대한 유머를 봤을 때 마냥 웃을 수만은 없었다.

특정 분야의 말은 잘할 수 있지만, 다른 분야의 말을 하기 힘든 이유는 무엇일까? 한 매체로만 외국어를 접했기 때문일 수도 있지만, 더 근본적인 이유는 언어 실력이 수직이 아닌 수평으로 발달하기 때문이다.

제2언어 실력은 알파벳에서 단어, 문장, 문단, 글 순으로, 혹은 일상 회화에서 비즈니스 프리젠테이션, 연설 순으로 계단을 올라가듯 수직으로 발달하지 않는다. 오히려 여러 능력을 얼기설기 그물처럼 엮어서 수평으로 확장해 나간다. 우리는 basic(초급)-intermediate(중급)-advanced(고급) 혹은 토익 600점, 700점, 800점처럼 능력을 등급화하거나 점수화하는 데 익숙하다 보니 실력이 수직으로 발달한다고 생각하기 쉽다. 초급 수준에서는 여행 가서 음식 주문 정도를 할 수 있고, 중급이 되면 현지에서 제한

된 생활이 가능하고, 고급 정도의 실력이 되면 유학이나 비즈니스가 가능하다고 믿는다. 일상에 가까울수록 쉽고, 전문 영역에 가까울수록 어려운 것이라 생각하기도 한다.

이 단계를 차근차근 다 밟은 후 미국으로 온 한국 유학생들이 공유하는 정서가 있다. 수업 발표나 연구 토론은 쉽게 하는데 오히려 교회에 가서 친구를 만들거나 스탠딩 파티에 가서 사람을 만나면 무슨 말을 어떻게 해야 할지 모르겠어서 가만히 있게 된다고. 이 경우는 단순히 영어 말하기 능력의 문제가 아니다. 파티나 사교 모임에 가면 음료나 접시를 들고 돌아다니며 누군가와 계속 대화를 해야 하는데, 그런 상황에 쓸 수 있는 표현이나 대화 전략, 상대방의 관심사를 찾기 위한 문화적 지식 등이 부족하기 때문이다. 이때는 전문 영어보다 생활 영어가 오히려 더 어려운 셈이다.

우리는 모국어를 다양한 상황에서 써보며 습득했다. 학교에서 국어 수업도 듣고, 도서관에 가서 책도 읽고, 슈퍼에 가서 물건을 사기도 하고, 친구와 싸우기도 하면서 상황에 맞게 말하는 법을 천천히 배웠다. 성인이 되고 난 후엔 교통사고 후 보험 처리를 해보기도 하고, 껄끄러운 상사와 갈등을 빚지 않기 위한 화법을 익히거나, 상대방의 요구를 부드럽게 거절하는 법을 연습했다. 이런 연습을 쌓아오다 보니 어떤 상황이든 숨 쉬듯 자연스럽게 모국어를 구사할 수 있게 되었다. 다양한 상황에서 쓸 수 있는 언어 능력을 쭉 확장해 왔기에 가능했다.

반면에 제2언어를 배울 때는 능력을 확장하기가 쉽지 않다. 모국어를 배울 때처럼 다양한 상황에 노출되기 어렵기 때문이다. 일이나 흥미와 관련된 내용만 파고들다 보니, 그 영역을 조금만 벗어나도 어떻게 말해야 할지 감이 잘 오지 않는다. '오타쿠 외국어'를 체험하게 되는 이유는 이처럼 언어 능력을 수평으로 확장하지 않았기 때문이다.

언어 능력은 아래에서 위로 쭉 그어나가는 수직선이 아니다. 옆으로 계속 덧붙여 확장해 나가는 퍼즐 맞추기에 가깝다. 처음 조각을 맞추기 시작할 때는 막막하지만, 어느 정도 맞춰놓으면 다음에 어떤 조각을 끼워야 할지 더 쉽게 찾을 수 있다. 퍼즐의 주인공 부분만 열심히 맞춘 다음에 배경은 비워둘 수도 있고, 드문드문 완성해 놓고 훗날을 기약할 수도 있다. 처음에는 배경 쪽인가 싶었던 조각이 알고 보니 주인공의 얼굴을 완성하는 데 필수적으로 필요한 경우도 있고, 도대체 어디에 쓰는 건지 몰라 한참 고민했던 조각이 알고 보면 내가 제일 열심히 찾아 헤맸던 조각일 때도 있다.

언어도 마찬가지다. 처음 배우기 시작했을 때는 막막하지만, 어느 정도 배워놓으면 다음에 어떤 능력을 키워야 할지 더 쉽게 알 수 있다. 흥미나 일과 관련된 언어 능력만 우선 열심히 키워놓고 다른 능력은 나중에 키울 수도 있고, 다양한 분야의 언어 능력을 얕게 기초 수준으로만 연습해 두고 나머지는 천천히 채워나갈 수도 있다. 처음에는 애니메이션 덕질에만 필요한 줄 알았던 능력이 알고 보니 일에 활용되기도 하고, 도대체 어디에 쓸 수 있을지 한참 고민했던 능력이 알고 보니 지금 내게 가장 필요한 능력일 때도 있다.

'오타쿠 외국어'는 엘사 얼굴만 멋지게 완성해 놓은 겨울왕국 퍼즐에 가깝다. 좋아하는 부분만 완성도 높게 만들어둔 후에 다른 부분은 일단 비워놓은 단계. 이렇게 한 부분을 완성해 두면 다른 능력을 짜 맞춰 나가기도 상대적으로 쉬워진다. 엘사 얼굴을 일단 완성해 놓았으니 어디에 옷과 머리카락이 오고, 어디에 다른 인물이 오는지 대강 그려지고 엘사의 얼굴부터 시작해서 더 쉽게 맞춰나갈 수 있다.

'오타쿠 외국어'를 어떻게 발전시킬지는 퍼즐 조각을 얼마나 더 붙여서 뻗어나가는지에 달려 있다. 내 영어는 학술 쪽으로 가장 발달하긴 했지만 전체적으로 선명한 퍼즐이 된 반면에, 일본어는 애니메이션 쪽만 선명하고, 일상 회화가 약간 덤처럼 붙어 있고, 나머지는 존재조차도 희미한 상태다. 만약 내가 계속 퍼즐 조각을 모아서 조립해 나가지 않는다면 평생 겨울왕국의 풍경을 볼 수 없을지도 모른다.

완벽한 영어를 찾아서

일본에 온 후, 지역 주민을 대상으로 하는 문화 교류회에서 한국, 미국, 일본의 생활에 대해 두 시간 정도 강연할 일이 있었다. 당시는 일본어를 배우기 시작한 지 반년도 되지 않았던 터라 제대로 할 수 있을지 불안했다. 미용실에 갈 때도 마음의 준비를 해야 할 정도로 아직 부족한데, 두 시간 동안 강연을 한다고 생각하니 눈앞이 깜깜해졌다. 한 달 정도 강연 내용을 준비하고, 사전 미팅을 서너 번 하고, 방구석 리허설도 세 번쯤 했다. 마음속에서 '틀렸어 이제 꿈이고 희망이고 없어'라고 속삭이는 목소리가 올라왔지만, 도망갈 수는 없는 노릇이었다. 약속된 시각에 컴퓨터를 켜고 화상회의 프로그램에 접속했다.

이제 겨우 외국어를 배운 지 반년 된 사람이 무슨 말을 얼마나 유창하게 할 수 있었을까. 엉망진창인 일본어로 40명 앞에서 두 시간짜리 강연을 마쳤다. 나는 한자를 아직도 잘 읽지 못해서 채팅창에 질문이 올라오면 일본인 사회자가 읽어주는 식으로 질의응답을 진행했고, 언어의 미묘한 뉘앙스도 잘 알지 못하니 일본 사회에 대한 부정적인 질문을 받으면 부정적으로 답하지 않도록 노력했다. 혹시라도 문제가 되는 발언을 하지 않기 위한 몸부림이었다. 기나긴 두 시간이 지나가고, 함께 준비해 주신 분들과 인사를 나눈 후, 기력을 다 쓴 채 침대에 몸을 던졌다.

강연이 끝나고 일주일 정도 지났을 때 이메일이 한 통 날아왔다. 강연에 참석한 사람들의 의견을 모아 정리한 문서 파일이었다. "강연은 얼마나 유익했습니까? 5점 만점으로 답해주세요" 같은 형식적인 질문에 대한 답이겠지 싶어 아무 생각 없이 파일을 열었다. 어머나 세상에, 일곱 쪽의 빼곡한 문서였다. 60대 이상이 많이 참여한 터라 컴퓨터로 의견을 남기는 게 쉽지 않았을 것 같았는데, 70대 이상인 분도 반 쪽을 꽉 채워 의견을 남겨주셨다.

그중에 잊을 수 없는 의견이 있었다. "저는 아버지가 미국인, 어머니가 일본인인데 일본에서 태어나고 자랐습니다. 아버지의 제1언어가 영어인데도 저는 영어를 잘하지 못하는 게 콤플렉스였습니다. 그래서 영어로 말하는 걸 피하거나 '영어 할 수 있어?'라는 질문에 '못 해'라고 답하거나 했습니다. 영어가 세계의 공통어라면, '완벽하게 말하는 게 전제는 아니'라는 걸 모두가 이해한다면, 그래서 말할 때의 부끄러움을 버리는 게 가능하다면, 일본인의 영어 말하기 능력이 오르지 않을까, 라고 생각했습니다."

대체 완벽하게 말한다는 게 뭘까? 왜 완벽하게 말해야 한다는 생각 때문에 더 말하지 못하게 되는 걸까? 뭐든지 불완전하더라도 해보는 게 중요한 건데, 영어 앞에서만큼은 그러기 쉽지 않다. 나 또한 틀릴까 봐 두려워 말을 잘 못하던 시기를 지나왔던 터라 더 마음이 아렸고, 나의 강연이 그에게 자그마한 힘이나마 될 수 있어서 기뻤다.

영어로 생활을 오래 꾸려가다 보니 깨달은 게 있다. 절대적으로 완벽한 건 어디에도 없다는 걸. 그나마 규칙이 있는 문법조차 절대적인 법칙이 아니라, 퇴적물이 켜켜이 쌓여서 만들어지는 지층에 더 가깝다. 누구나 중학생 때 'eat-ate-eaten', 'give-gave-given'처럼 불규칙 동사를 짝지어 외운 기억이 있을 거다. 왜 불규칙 동사는 'jump-jumped-jumped'와 같은 규칙 동사처럼 일정하게 변하지 않는 걸까?

동사의 과거형을 '-ed'를 붙여 표기하는 문법은 12세기 이후 중세 영어 때 생겼지만, 불규칙 동사의 과거형은 고대 영어 때 만들어졌다. 불규칙 동사는 일반적으로 사용되는 빈도수가 매우 높다. give, eat, do, get, make, be 등, 이런 동사가 등장하지 않는 문장을 오히려 찾아보기 어려울 정도다. 많은 사람들이 자주 쓰다 보니 변화가 잘 일어나질 않는다. 반면에 사용되는 빈도수가 상대적으로 낮은 동사나, 규칙이 생긴 이후 만들어진 동사는 규칙을 따라간다. 위에서 예시로 든 jump나 새로 생겨난 동사 google이 그 예다. 구글을 일상에서 숨 쉬듯 사용하다 보니 'I googled the term(용어를 구글에서 찾아봤어)'처럼 google을 동사로 활용하곤 하는데, 이 경우 보통 '-ed'를 써서 과거형을 나타낸다.

'결혼하다'라는 뜻의 동사 wed의 과거형도 원래는 wed지만, wedded라고 쓰는 용례가 늘어나면서 곧 '-ed' 규칙을 따르는 wed-ded가 될 거라고 예측하기도 한다(Lieberman et al., 2007). 하물며 한 국가의 법도 사회의 변화에 맞춰 계속 변하는데, 단어와 문법이 변하지 않을 리 없다. 작은 파동이 쌓여서 큰 파도가 되듯이, 언어의 경우에도 작은 용례가 점점 쌓여 데이터가 되고 규칙이 변한다. 절대적으로 맞고 틀린 건 어디에도 없다.

문법뿐만 아니라 단어의 의미도 계속 변한다. 예를 들어서 오늘날 단어 queer의 의미는 '퀴어의, 성소수자의'로 알려져 있다. 소설 《제인 에어》(Brontë, 1847)를 영어 원문으로 읽으면 queer라는 단어가 총 여섯 번 등장하는데, 여기서 queer는 성소수자를 뜻하는 의미가 아니다. 예를 들어 'I did not know what answer to make to his queer question'(p. 155)이라는 문장은 그의 성소수자적 질문에 대해 어떻게 대답해야 할지 몰랐다는 뜻이 아니라, 그의 엉뚱한 질문에 대해 어떻게 대답해야 할지 몰랐다는 뜻이다.

《제인 에어》가 출간된 1847년 당시에는 단어 queer에 지금과 같은 의미가 없었던 것이다.

《옥스포드 영어사전》에 따르면, queer는 1914년부터 성소수자를 낮춰 부르는 의미로 쓰이기 시작했지만, 1980년대에 와서는 중립적이거나 긍정적인 의미로 쓰이기 시작했다. 멸칭으로 쓰이던 단어의 의미를 성소수자 운동가들이 적극적으로 전복시킨 예다. 지금도 '엉뚱한, 기묘한, 괴상한'이라는 원래 뜻으로 쓰이는 경우가 없는 건 아니지만, 성소수자의 의미로 더 자주 쓰인다. 이처럼 단어의 뜻은 고정되어 있지 않다. 아예 새로운 단어가 생겨나기도 하고, 이미 있던 단어의 의미가 변화하기도 한다.

또한 단어나 문법은 그 자리에서 만들어지기도 한다. 아래는 실제로 일어났던 영어 대화를 글로 옮긴 녹취록이다. A가 하고 싶었던 말은 "이 주문 건을 어떻게 해야 할지 모르겠네요. 어떻게 해야 할까요? 이거 지금 다 상하고 있어요, 한슨 씨"이다. B는 A가 "blowing"을 무슨 의미로 쓴지 몰라서 물어보고 있다. A는 다시 대답한다. "치즈가 상한다고요, 한슨 씨."

A: So I don't know what we can do uh do with the order now. What do you think we should uh do with this is all blowing Mister Hansen

B: I'm not uh blowing uh what uh, what is this uh too big or what?

A: No the cheese is bad Mister Hansen

출처: Firth, 1996.(대중서의 성격에 맞도록 기호를 생략했고 일부만 발췌함.)

물론 A의 영어 어휘 실력이 좋지 않다고 말할 수도 있을 것이다. "This is all blowing"이 아니라 "This is all going bad(전부 상하고 있어)"처럼 간단히 말할 수도 있었을 것이다. 그러나 영어는 공통어로써 쓰이는 경우가 많은 터라 절대적인 규칙이 없다. 서로가 협력해서 의미를 만들어가는 태도가 더 중요하다.

다른 예로는 미국의 라디오 NPR에 나왔던 사연이 있다. 사연의 제보자는 이메일에서 "please do the needful"라는 문구를 자주 보았고, 서비스업에 종사하는 사람들이 "Hello mamsir"라고 말하는 걸 자주 접했다고 한다(McCusker & Cohen, 2021). 전자는 "필요한 일을 해주세요"라는 뜻이고, 후자는 여성과 남성을 높여 부르는 호칭인 'ma'am'과 'sir'를 합쳐 만든 표현이다. 두 표현 모두 소위 말하는 '표준'은 아니지만, 비원어민 영어 화자들이 창의적으로 용례를 만들어가며 규칙을 형성해 가는 예로 볼 수 있다.

완벽한 영어 같은 건 세상에 없다. 설령 있다고 해도, 완벽함의 근거로 사용할 수 있는 절대적인 규칙이 없다. 용례가 쌓여서 규칙이 만들어지고, 규칙 역시도 새로운 용례가 쌓이면서 계속 바뀌어간다. 또한 영어 용례는 원어민이 쌓는 것보다 비원어민이 쌓는 경우가 훨씬 많다. 상황과 맥락에 따라 새로운 규칙이 생겨나기도 하기 때문에, 정확한 규칙을 지키기보다 전달하고자 하는 메시지에 집중해 상대와 협력하여 의미를 만들어가고자 하는 태도가 훨씬 더 중요하다.

'완벽한 일본어' 같은 게 있었다면 나는 40명 앞에서 두 시간 동안 발표할 수 없었을 거다. 내가 말하는 거의 모든 문장이 틀렸을 테니까. 엉망진창인 일본어로도 두 시간 동안 강연을 이어갈 수 있었던 건, 함께 의미를 만들어준 청중과 사회자의 덕이었다. 영어든 일본어든 다른 무슨 외국어가 되었든, '완벽하게 말하는 게 전제가 아니'라는 걸 모두가 이해해 주었으면.

영어 울렁증 마주보기

박사과정을 중간쯤 지나왔을 때였다. 한국인이 갖고 있는 영어 울렁증을 생생하게 설명할 수 있는 자료가 없을까 해서 유튜브를 뒤지다가 광고를 하나 발견했다. 딸과 아빠가 스테이크 가게에 입장한다. 아빠가 스테이크를 주문하려고 하는데 영어가 잘 되지 않아 버벅거린다. 그 모습을 본 백인(처럼 보이는) 종업원이 피식 웃는다. 그 후에 영어 울렁증을 딸에게 물려주지 말자는 취지의 광고 문구가 나오고, 딸이 열심히 영어 공부를 하는 장면이 나온다(윤선생, 2015).

30초도 채 되지 않는 짧은 광고였지만 한국인이 영어에 대해 갖고 있는 콤플렉스가 여럿 반영되어 있었다. 먼저 백인(처럼 보이는) 종업원에게 당연히 영어로 주문을 해야 하는 상황, 제대로 영어를 못 했을 때 피식 하고 비웃거나 동정하는 것처럼 보이는 종업원의 표정, 그리고 자식에게는 이런 부끄러움을 물려주지 말자며 영어 교육 상품을 사서 열심히 공부시키는 모습까지.

왜 이런 내용의 광고가 나오는 걸까? 10년 이상 공부했는데도 말 한마디 하지 못한다든가 토익 900점인데도 외국인과 대화할 수 없다는 점을 지적하는 광고 또한 주변에서 쉽게 볼 수 있다. 일단 이런 지적이 사실인지 아닌지는 차치하고서라도, 대중매체는 영어로 말을 못 하는 게 부끄러운 일이라는 것을 계속해서 강조한다. 외국인, 특히 영어를 제1언어로 하는 백인 앞에서 주눅 드는 이미지를 계속 내보내면서 말이다.

왜 오랫동안 영어를 공부했는데도 말 한마디 하지 못하는 이미지, 영어를 제1언어로 하는 백인 앞에서 영어를 못해서 주눅 드는 이미지가 공감을 받으며 널리 퍼져 있는 걸까? 이 이미지는 과연 사실일까?

박사과정 중 '영어 의사소통 능력(communicative competence)이란 뭘까?'라는 주제로 토론한 적이 있다. 1960년대 이전에 언어학자들은 언어 능력이 정신 속에 있다고 생각했다. 마치 컴퓨터 안에 설치된 소프트웨어처럼. 능력을 발휘할 때 실수가 있을 수는 있지만 진정으로 중요한 건 사람 안에 있는 능력이라고 생각했다. 그러나 1970년대에 이르러 언어 지식뿐만 아니라 의사소통을 적절히 끌어갈 수 있는 능력 역시 중요하다는 인식이 생기기 시작했고, 1980년대에는 이 문제의식이 좀 더 정교화되어 의사소통 능력을 문법 능력, 사회언어학적 능력, 전략적 능력의 총체로 바라보게 되었다. 단어를 적절히 배치해 문장을 만들어낼 수 있는 문법 능력, 상황에 따라 알맞게 말을 할 수 있는 사회언어학적 능력, 언어적 및 비언어적 의사소통 전략을 사용하여 소통을 이끌어가는 전략적 능력(Canale & Swain, 1980) 모두 원활한 의사소통을 위해 필요하다고 생각했다.

최근에는 언어 지식은 오히려 부차적이고, 대화 상대자와 함께 의미를 만들어갈 수 있는 유연한 태도 및 주변의 의미 자원을 활용하여 의사소통의 목적을 달성하는 게 더 중요하다는 주장도 있다(Canagarajah, 2021). 예를 들면 같은 제1언어를 공유하는 한국인 사이에서도 "나 때는 말이야~"를 설파하는 사람과는 아무리 노력해도 대화가 되지 않는다. 언어 지식이 아무리 많다고 해도 상대와 함께 의미를 만들어가고자 하는 의지가 전혀 없기 때문이다. "물론 내가 맞고 네가 틀리지만" 같은 생각을 가지고 있는 사람과 대화하다 보면 벽을 보고 대화하는 기분이 들기도 한다. 도대체 무슨 말을 해도 듣질 않으니까. 오히려 해외여행 중 시장에서 물건 값을 흥정할 때는 상인과 내가 공유하는 언어 지식이 거의 없어도 손짓과 몸짓 혹은 표정으로 소통해서 목적을 이뤄낸다. 언어 지식에 의지하기보다 서로 의사소통에 협력해 목적을 달성하고자 하는 태도가 더 중요할 수도 있다.

'10년 동안 배웠는데 말 한마디 못하는 영어'를 다시 생각해 보자. 학교에서는 주로 문법 지식을 배운다. 말하기나 쓰기 연습을 할 때 사회언어학적 능력 및 담화 능력도 조금씩은 배우지만, 연습해 볼 기회가 그리 많지 않다. 그렇다고 학교에서 배운 지식이 쓸모없다는 뜻은 아니다. 학교에서 경제 과목을 배웠다고 바로 주식 투자를 잘하게 되는 게 아니고, 기술가정 과목에서 바느질을 배웠다고 수예의 신이 되는 게 아니다. 주식 투자를 잘하려면 일단 돈을 잃어봐야 하고, 수예의 신이 되려면 일단 수예를 많이 해봐야 하는 것처럼, 학교에서 쌓아온 능력이 바탕이 되어야 무슨 말이라도 해볼 수 있다. 지금까지 단순히 단어와 문법을 외워왔다면, 지금부터는 단어와 문법에 자신의 의미를 불어넣어 말해보는 연습을 쌓아가면 된다.

가령 고등학교에서 배우는 단어 appreciate는 보통 '고마워하다, 인정하다'의 의미로 쓰인다. 의미를 알고 문장을 보면 뜻은 이해할 수 있지만, 써본 적이 없다면 뉘앙스를 알기 어렵다. 예를 들어 함께 일하는 동료에게 고마움을 표할 때는 'Thank you(고맙습니다)'보다 'I appreciate your hard work(수고에 감사드립니다)'가 좀 더 정중하고 공식적인 느낌을 준다. 고객에게 감사할 때도 'Thank you for your purchase(구매 감사합니다)'보다 'We very much appreciate your purchase(구매해 주셔서 대단히 감사드립니다)'

가 더 정중하게 들린다. 동사의 형태를 보면, thank는 'Your quick payment would be thanked'처럼 수동태로 자주 쓰이지 않지만, appreciate는 'Your quick payment would be appreciated(지불을 빨리 해주시면 감사하겠습니다)'처럼 수동태로도 자주 쓰인다. 특정 행동을 주어로 써서 감사를 표현할 때는 appreciate가 더 잘 어울리는 셈이다.

써봐야 알 수 있고, 더 나아가봐야 실력을 높일 수 있다. 그동안 단순히 의미만 외웠다면 지금부터는 영영사전에도 검색해 보고, 예문도 한번 들여다보고, 예문의 단어를 바꿔서 내 문장으로도 만들어보고, 실제로도 써봐야 한다. 10년 배운 영어는 우리에게 더 나아갈 수 있는 발판을 마련해 주었다. 발판을 딛고 앞으로 나아가는 건 자신의 몫이다.

또, 영어가 제1언어인 백인과 영어로 의사소통하는 경우가 정말 대다수일까? 어학연수나 교환학생을 가면 보통 비슷한 처지인 국제학생과 어울리고, 정규 학위 과정 유학을 가도 마찬가지다. 전공 과목을 담당하는 교수가 비원어민인 경우는 수도 없이 많고, 팀 프로젝트도 비원어민 학생과 함께 하게 될 때가 많다. 내 박사과정 지도교수님 역시 비원어민이었고, 적어도 10개국 이상에서 온 학생들이 함께 수업을 듣곤 했다. 중국, 일본, 러시아, 말레이시아, 이란, 보스니아, 폴란드, 핀란드, 브라질 등. 모두가 영어를 유창하게 구사했지만, 존재하는지도 의심스러운 미국의 '표준 영어'를 쓰지는 않았다. 모두가 제각기 익혀온 영어로 소통했고, 서로 이해하려는 노력을 아끼지 않았다.

영어권이 아닌 국가로 유학을 가도 영어로 수업을 듣고, 세계 각지에서 온 동료 학생과 영어로 소통한다. 유럽의 많은 대학이 영어로 수업과 연구를 진행하고, 아시아의 대학에서도 영어 학위 과정을 쉽게 찾아볼 수 있다. 비영어권에 살면서 비원어민과 영어로 소통하며 살아가는 셈이다. 영어를 배우는 이유는 영어가 제1언어인 백인과 대화하기 위한 게 아니다. 세계의 수많은 사람들과 소통하고 대화하기 위해서다.

다시 광고 내용으로 돌아가자면, 의사소통 능력이 부족한 사람은 한국인 아빠가 아니라 백인 종업원이다. 종업원은 레스토랑에 고용된 사람으로서 손님의 주문을 받을 의무가 있다. 손님과 협력하여 손님의 주문 내용을 파악하려는 노력을 해야 한다. 손님이 영어를 더듬는다고 비웃는 표정을 띄워선 안 된다.

유튜브 크리에이터인 박막례 할머니가 구글 본사에 가서는, 그곳에서 만난 사람들에게 "한국말 좀 배워"라고 말하는 영상이 있다. 우리도 이런 마음가짐을 갖고 영어를 배울 수 있으면 좋겠다. 대화는 항상 쌍방향으로 이루어지고, 상대를 이해하기 위한 노력도 쌍방향에서 이루어져야 한다. 우리가 영어를 배워 소통하듯이, 그들도 한국어를 배워 소통하지 못할 이유가 무엇이 있을까. 상대가 영어 원어민이든 비원어민이든, 나와 상대는 동등한 입장에 서 있다.

언어가 차별이 될 때

미국 유학을 간 이후, 한국에 들어올 때마다 친구와 가족의 친근한 인사가 날 반겨주었다. "살쪘네!" 미국에는 공기에도 칼로리가 있어서 살이 찔 수밖에 없다는 농담으로 응수했다. 미세먼지 없는 공기와 미국산 지방으로 찌운 살이니 소중하게 다뤄야 한다는 말도 덧붙이면서.

가족이나 친한 친구 사이에는 "너 살 왜 이렇게 쪘어?"가 인사가 되고는 한다. 그리 친하지 않거나 먼 친척 같은 사이에서는 "살 빠졌네!" "예뻐졌네!"처럼 듣기 나쁘지 않은 말이 인사가 된다. 최근엔 직장이나 상하관계가 있는 곳에서는 외모에 대한 언급을 자제하는 분위기이지만, 여전히 외모는 잊을 만하면 대화에 등장하는 단골 소재다.

그러나 "살 빠졌네!" 같은 말은 상대와 내가 맺고 있는 관계 혹은 상대의 문화에 따라 큰 결례가 될 수 있다. 임원과 평사원처럼 권력관계가 명확한 사이에서는 당연하고, 친한 친구 사이이더라도 외모에 대한 이야기를 잘 하지 않는 문화권에서 온 친구라면 어색하게 받아들일 수 있다.

아예 겉모습 이야기를 입에 담지 않는 게 상책이겠지만, 그래도 마음속에서 툭툭 칭찬하고 싶은 욕구가 솟아나올 때가 있었다. 그럴 때는 예전에 들은 말을 떠올리곤 했다. "지금 당장 바꿀 수 없는 건 입에 담지 마세요." 스카프, 귀걸이, 패션 스타일 등이 멋지다고 칭찬하는 건 맥락에 따라 괜찮을지도 모르지만, 눈이 너무 예쁘다거나 다리가 길어서 예쁘다 같은 이야기는 입 밖으로 내려 하다가도 다시 목구멍 깊은 곳으로 삼켜야 한다. 아주 친한 사이에서는 할 수 있는 이야기일지 몰라도 일단 조심해야 하니까.

외모에 대한 이야기를 쉽게 입에 올리지 않는 이유는 무엇일까? 외모는 쉽게 바꿀 수 없기 때문이다. 물론 뼈를 깎는 노력과 큰 돈을 들이면 바꿀 수도 있겠지만 대부분 그렇게 쉽게 바꿀 수도 없고 바뀌지도 않는다.

쉽게 바꿀 수 없는 것을 이유로 부당한 대우를 하는 걸 차별이라고 부른다. 인종, 성별, 외모, 가정환경, 종교 등이 바꿀 수 없는 것들에 포함된다. 우리 모두가 인종차별을 하면 안 된다는 걸 잘 알고 있지만, 외국어 발음이나 제1언어 역시도 '(쉽게) 바꿀 수 없는 것'의 범주에 포함된다는 걸 잘 의식하지 못한다. 외국어 발음을 핑계로 부당한 말이나 대우를 하거나, 깎아내리고 폄하하는 발언을 하는 것도 차별이다. "일본인은 mother, father, brother를 마자, 파자, 브라자라고 한다며?"라는 말을 일본인 학생을 가르치고 있는 내 앞에서 하는 사람을 보고 아연실색한 적이 있다. "한국인은 sheet 발음이 안 되어서 shit으로 발음한다며?"라고 말하는 게 차별인 것과 별 다를 바가 없다. 다른 사람의 발음을 폄하하면, 그 폄하는 곧 나를 향한다.

제1언어 역시 태어나고 자라날 때 형성되므로 이후 성인이 되어서 노력으로 바꿀 수는 없다. 내가 한국어를 제1언어로 하고 싶지 않아서 열심히 공부해 영어나 일본어를 수준급으로 구사한다 해도, 한국어를 매개로 세상을 처음 접하면서 자라났다는 사실은 변하지 않는다. 따라서 제1언어를 근거로 부당한 대우를 하는 것도 차별이다.

박사과정을 마무리하며 구직 활동을 하고 있을 때 세계 각지의 구인 공고를 보게 되었다. 당시 나는 미국에서 국제학생을 대상으로 영어 글쓰기와 문법 강의 등을 한 경력이 있었고, 학부 및 대학원 수업 모두 영어로 문제없이 진행했으며 학생들의 강의 평가 역시도 만점에 가까웠다. 세계 어디든지 좋은 자리가 있으면 가겠다는 마음으로 구인 공고를 뒤졌다. 수많은 공고를 보면서 내 자격 요건을 공고의 자격 요건과 맞춰봤다. "native or native-like proficiency(원어민 혹은 원어민에 준하는 능숙도)"라고 쓰여 있으면 지원 자격이 되었지만, "native speaker of English(영어 원어민)"라고 써놓은 곳은 지원할 수 없었다. 단순히 단어 몇 개 차이이지만, 그 차이는 결정적이었다.

'한국어 원어민'과 '한국어 원어민에 준하는 자'는 전혀 다르다. 한국인이라고 한국어능력시험에서 전부 만점을 받진 못하듯, 한국인이라고 한국어를 잘하는 건 아니다. 티브이를 보면 종종 한국인보다 더 한국어를 잘하는 외국인이 나온다. 특히 한국어를 전공했다면 한국인보다 문법 지식이 더 뛰어난 경우가 많고, 역사 지식까지도 한국인보다 해박한 경우도 많다. 그렇지만 이 사람들이 '한국어 원어민'이 될 수는 없다. 제1언어를 바꿀 수는 없기 때문이다.

똑같은 상황이 영어의 경우에도 일어난다. 초등학교까지는 한국에 살았지만 이후 해외 여러 곳을 종횡무진 다닌 사람이 아무리 영어를 잘한다 하더라도 영어가 제1언어가 될 수는 없다. 영어 전문 용어를 화려하게 구사하며 세계에서 가장 권위 있는 학술지에 논문을 발표한다 해도 영어가 제1언어는 아니다. 영어가 필요한 직무 및 직종이라면 시험을 통해 영어 능력을 테스트하거나, 면접 때 영어 능력을 확인하거나, 지원자가 쓴 글을 살펴보면 된다. 지원자의 제1언어가 영어인지 아닌지 보는 것보다, 지원자의 영어 실력을 직접 확인하는 편이 더 도움이 된다.

　미국이나 캐나다에서는 언어 차별을 금지하고 있다. 미국 고용평등기회위원회는 교사 등 영어 의사소통이 필수적인 직종이라도, 영어로 효과적인 의사소통이 가능하다면 억양을 근거로 피고용인을 차별할 수 없다고 명시해 두었다(U.S. Equal Employment Opportunity Commission, 2016). 하지만 우리나라 공교육에서 일할 영어 원어민 강사를 뽑는 EPIK 및 TaLK 프로그램은 지원 자격을 7개국의 국민으로 제한한다. 미국, 영국, 호주, 남아프리카공화국, 아일랜드, 캐나다, 뉴질랜드(예외적으로 인도, 한국도 가능할 수 있음)가 그 예다. 캐나다에서 태어나고 자랐지만 불어권에 살아서 영어가 서툰 사람이라도 영어를 쓰는 학교에서 7학년(중1)~대학교 과정을 마쳤다면 지원이 가능하다. 그렇다면 이 캐나다인과, 다른 나라에서 영어 국제학교를 졸업한 사람의 영어 실력이 크게 다를까? 언뜻 보면 프로그램의 자격 요건이 합당해 보이지만, 여권 발행국이 영어 실력과 강의 실력을 담보해주지 않는다.

　그렇지만 학습자 입장에서는 아무래도 '있어 보이는' 영어, 즉 영국이나 북미에서 주로 쓰는 영어를 배우고 싶은 마음이 들 수 있다. 이런 고민을 하는 분들이 종종 내게 비용이 저렴한 필리핀 화상 영어와, 상대적으로 비용이 높은 북미 화상 영어 중 무엇이 나을지 묻는 질문을 한다. 처음 이 질문을 받았을 때는 필리핀과 북미 화상 영어 상품의 가격을 다르게 책정한 기업을 탓하고 싶었다. 외국 생활이 길었던 언니 한 명은 "완전히 인종차별 아니야?"라고 말했지만, 엄연히 존재하는 현실을 어떻게 할 수는 없었다. 언어 차별 철폐를 요구해야 하는 대상은 언어 차별에 책임이 있는 사람들이지, 영어를 공부해 보려고 노력하는 사람들이 아니니.

내가 영어 말하기를 연습하는 입장이라면 교사의 출신 국가보다는 강의 내용을 먼저 살펴볼 것 같다는 답변을 주로 했다. 일상, 비즈니스, 학술 등 말하기의 분야는 무궁무진하다. 단적인 예로 회사에서 글로벌 비즈니스를 해본 적 없는 미국인에게 비즈니스 영어를 배우기는 어렵다. 화상 영어 상품도 여러 가지 주제로 나뉘어 있으니, 먼저 자신의 목적에 가장 부합하는 상품을 고를 것 같다고 했다.

내용이 같다면 저렴한 상품을 주로 쓰되, 종종 다른 억양도 접해보기 위해서 가격이 높은 상품도 써볼 것 같다는 말씀도 드렸다. 북미 억양을 구사하는 것보다는 자신이 전달하고자 하는 걸 말해보는 연습이 중요하고, 연습을 많이 하려면 상대적으로 비용이 저렴한 상품이어야 하니까. 동시에 다양한 억양을 알아듣는 연습도 해봐야 다양한 사람들과 원활하게 소통할 수 있으니,

북미 상품 역시도 조금씩은 써볼 것 같다.

　"살쪘네!"가 무례한 것처럼, "너 억양 있어!"도 무례하다. 발음에 대해서 공부할 필요가 없다거나, 발음을 가르치는 게 나쁘다는 뜻이 아니다. 발음, 억양, 강세에 대해 잘 알아야 여러 영어에 노출되었을 때 더 잘 이해할 수 있다. 그러나 소위 말하는 '원어민' 발음이 아니라고 상대를 낮춰보거나 상대의 발음을 조롱한다면, 똑같은 잣대로 나 역시 평가받을 수 있고, 그 평가는 결코 유쾌하지 않을 것임을 기억해야 한다.

에일리언alien

열두 살쯤 되었을 무렵이었다. 집안 어른들끼리 이야기를 나누고 있었고, 베트남 언니의 비자는 어떻게 되는 거냐는 이야기가 나왔다. 흐릿한 기억이지만, 한 마디만은 또렷이 남아 있다. "내가 몇 년마다 도장만 찍어주면 다 돼~" 하는 아빠의 말.

해외에서 외국인으로 살다 보면 alien이라는 단어를 자주 접한다. 미국에 살면 세금 신고를 할 때 자신의 체류 자격에 맞는 서류를 골라서 작성해야 하는데, 대강 5년 이하로 거주했으면 non-resident alien(비거주 외국인), 5년이 넘었다면 resident alien(거주 외국인) 양식을 써야 한다. 일본은 한국의 외국인등록증에 해당하는 재류카드가 있는데, 요즘은 residence card라고 하지만 예전에는 alien card라고 불렀다. alien에는 외계인이라는 뜻도 있지만, 외국인이라는 뜻도 있다. 외국인이자, 어쩌면 외계인으로 사는 셈이다.

미국 내의 한인 사회에서는 '신분'이라는 단어를 많이 접하게 된다. 한국에 산다면 아마 이 단어를 책 속에서만 볼 수 있겠지만, 미국 내 한인 사회에서는 "일할 신분이 있냐" 같은 용례로 아주 많이 쓰인다. 법적으로 일을 할 수 있는 비자가 있느냐는 뜻이다. 신분이 없다면 아무리 능력이 좋아도 뽑지 않는다. '신분' 문제를 해결하는 데 돈이 너무 많이 들어가기 때문이다.

외국인으로 산다는 건 이렇듯 타국에서 만들어준 경계 안에서 머무르기 위해, 또 경계를 조금씩 넓혀가기 위해 고군분투하는 일이다. 비자는 외국인이 그 나라에서 합법적으로 거주하기 위한 최소한의 요건으로 외국인이 발을 딛고 설 수 있는 경계선을 그어주는 것에 가깝다. 너는 학생비자니까 우리나라에서 몇 년 동안 딱 이만큼만 할 수 있어, 너는 취업비자니까 이만큼의 활동을 할 수 있어. 이 경계선 안에 머물면 합법, 여기에서 한 발짝이라도 나갔다간 불법.

미국에서 박사과정을 마무리하며 구직 활동을 하고 있을 때였다. 학생비자는 5년짜리라 그전까지는 아무런 문제가 없었지만, 박사과정 4~5년차에 접어들자 초조해지기 시작했다. 미국 학생비자를 가진 외국인은 학위과정이 끝나면 한 달 안에 짐을 싸서 출국해야 한다. OPT라고 하는 단기 취업 허가를 받을 수는 있지만, 수학이나 과학 쪽 전공이 아니라면 1년밖에 받을 수 없고,

그마저도 취직을 하지 못한다면 90일 안에 미국을 떠나야 했다. 미국을 한번 떠나면 앞으로 미국에서 직장을 구하기는 어려울 것 같았다. 한국으로 돌아갈 수도 있었지만, 내가 한국에서 직장을 구할 수 있을 확률은 아주 희박했다. 내가 졸업할 무렵 한국에서는 강사법이 개정되면서 신규 강사의 진입이 불리해졌고, 한국의 대학교는 보통 지원 조건이 학위 취득자여서 학위 취득 예정자인 나는 서류를 낼 수조차 없었다. 실업자가 된다면, 그리고 앞으로도 취업할 가능성이 보이지 않는다면 귀국하는 의미가 없었다.

구직 1년차에는 지원한 곳에 전부 떨어지는 바람에 학생비자 기간이 거의 남아 있지 않았다. 구직 2년차가 되기 전에 한국에 돌아가서 학생비자를 연장했다. 그래도 졸업한다면 바로 떠나야 하는 건 변하지 않으니까, 언제 단기 취업 허가를 신청해야 할지 항상 전전긍긍했다. 구인 공고에 "비자 서포트가 필요합니까?"라고 적혀 있으면 '예'를 누르면서, 내 지원서는 읽히지도 않을 것 같은 기분이 들어 허탈해졌다. 캐나다 같은 곳은 지원 공고에 "캐나다 국적 및 영주권을 가진 사람을 우선"한다고 명시한다. 더 아이러니한 건 인종, 젠더, 장애, 언어, 생김새, 나이 등에 대해 차별하지 않는다고 적어두었으면서도, 바로 아래에 국적 우대를 적어둔 점이다. 아무리 현대 사회에는 신분제가 없다지만, 외국인인 이상 나는 더 낮은 신분일 수밖에 없었다. 아, 신분제 사회에 사는 게 이런 느낌이겠구나.

순간 아빠의 말이 떠올랐다. "내가 몇 년마다 도장만 찍어주면 다 돼~." 미국에서, 일본에서 이주여성으로 살고 나서야 깨달았다. 전적으로 한 사람에게 자신의 법적인 거주권이 달려 있다는 게 얼마나 위험한 일인지. "내가 몇 년마다 도장만 찍어주면 다 돼~"라는 말을 거꾸로 비틀면, 몇 년마다 도장을 찍어주지 않는다면 베트남 언니는 불법체류자가 된다는 걸 뜻했다. 합법과 불법의 경계에서 그 심판이 단 한 사람의 마음에 달려 있었다.

'이주의 여성화'라는 말이 있다. 필리핀에서 홍콩, 싱가포르 등지로 떠나서 가정부 일을 하는 여성, 동남아시아 및 중국에서 한국으로 결혼 이민을 하는 여성, 간병인 혹은 아이 돌보미 같은 돌봄노동을 하러 이주하는 여성들이 그 예다. 선진국의 여성이 일터로 떠나면 그 빈 자리를 개발도상국의 여성이 메꾼다. 우리나라 역시 하와이로 사진신부를, 독일로 간호사를 보냈던 역사가 있다. 여성을 보내는 국가에서 받는 국가가 된 지 얼마 되지 않은 것이다.

이주에서 언어는 필수다. 이주 목적지인 국가에서 널리 쓰이는 언어 혹은 높은 지위의 언어를 구사하지 못하면, 그 국가에서 생활하는 데 필요한 정보와 계속 멀어진다. 단순히 새로운 사회에 동화되기 위해서만 언어가 필요한 게 아니다. 새로운 사회에서 오롯한 인간으로 서 있기 위해서도 언어는 꼭 필요하다. 나 역시도 이주여성으로 살면서 이 사실을 여러 번 느끼게 되었다. 미국에 살 때는 어떤 정책이 새로 나오든 영어로 바로 접할 수 있었는데, 일본어를 못하는 상태에서 일본에 떨어지고 나니 코로나 시기에 출입 가능한 나라 같은 중요한 정보조차 한 박자 늦게 접할 수밖에 없었다. 주로 일본에 거주하는 한국인들이 모인 인터넷 커뮤니티에서 소식을 접한 후 일본어로 다시 찾아보는 식이었다. 그나마 나는 내 한 몸만 건사하면 되는 싱글이었고, 일본어를 전혀 못하지는 않았으며, 번역기라도 써서 어떻게든 의미를 이해할 수는 있었다. 그러나 그조차도 어려운 사람이 너무 많았다.

이주해 온 사회에서 법적인 구성원으로 인정받기 위해 필요한 몇 가지가 있다. 주민등록증이나 여권 같은 신분 증명서, 본인 명의의 통장 및 휴대폰, 의료보험 가입 여부 등. 대다수의 한국 국적 성인에게는 너무나 당연한 것이지만, 이주여성의 입장에서는 하나하나가 큰 장벽이다. 특히 그 사회의 언어를 잘 구사하지 못할수록, 이주민 커뮤니티와 멀어지면 멀어질수록 더 고립된다. 잊을 때쯤 되면 한번씩 한국의 이주여성에 대한 기사가 나온다. 여권이나 외국인등록증 같은 신분증을 한국인 배우자가 감춰버리고 주지 않거나, 통장 및 휴대폰 개설을 본인의 이름으로 한 뒤에 비밀번호나 인감 등을 주지 않거나, 아예 한국어 교육에 접근

조차 하지 못하도록 막거나. 사회의 온전한 구성원이 되지 못하도록 계속 고립시킨다. 고립될수록 이주여성은 더 취약해진다.

기사를 읽으며 생각했다. 한국 사회가 취약한 이들을 어떻게 대하고 있는지, 그리고 외국인 또는 외계인으로 외국에서 나는 어떻게 살아가고 있는지. 흔히들 말한다. 강자에게 약하고, 약자에게 강한 사람을 멀리하라고. 식당이나 카페의 점원을 대하는 모습을 보면 그 사람의 성격을 알 수 있다고. 길거리의 동물에게 폭력을 쓰는 사람이라면 십중팔구 사람을 대할 때도 폭력적이라고. 마찬가지로, 한 사회의 성격은 그 사회에서 약한 사람을 어떻게 대하는지를 보면 알 수 있는 거 아닐까. '신분'이 낮은 사람을 어떻게 대하는지를 보면 알 수 있는 거 아닐까.

이주여성이었던 우리 베트남 언니는 온갖 우여곡절을 다 거친 후 지금은 한국어-베트남어 통번역사가 되어 한국-베트남의 경계를 넘어다닌다. 언니를 처음 만났을 때 초등학생이었던 나는, 국경을 넘나들며 여러 문화와 언어 사이에서 이주여성으로 살고 있다. 외국인, 혹은 외계인으로. 지금에 와서 생각한다. 우리가 함께 성장할 수 있는 토양이 있었고, 덕분에 각자의 싹을 틔울 수 있었다고. 이 토양이 한 사람의 도장에 달린 게 아니라, 모두에게 평등하게 주어지는 것이었으면 좋겠다고. 단지 이주여성을 위해서만이 아니라, 한국 사회가 한층 더 나은 사회가 되기를 바라는 마음에서 말이다.

언어가 내게 알려준 것들

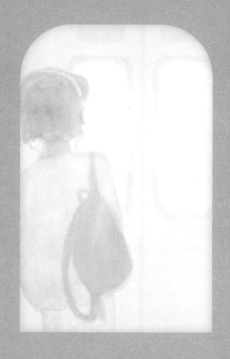

되고 싶은 나, 되어야 하는 나

외국어는 왜 배우는 걸까? 타국의 문화를 더 잘 이해하기 위해서? 타 문화권에 동화되기 위해서? 물질적인 이득을 얻기 위해서? 자기 만족을 위해서? 여러 가지 이유를 쭉 나열해 답할 수도 있겠지만, 해당 언어를 통해 자신이 되고 싶은 모습과, 되어야 하는 모습을 그려보며 해답을 찾을 수도 있다.

대학교 3학년, 방문학생 자격으로 미국에 머무를 때의 일이다. 당시 지내고 있던 작은 동네를 떠나 미네소타의 가장 큰 도시, 미니애폴리스에 2박 3일 동안 다녀올 일이 있었다. 스마트폰이나 우버가 있던 때도 아니라서, 길을 잃으면 어쩌나 걱정이었다. 일정표를 꼼꼼히 만들고 교통수단을 정리한 문서도 전부 인쇄한 후 현금도 넉넉히 준비한 다음에 길을 나섰다.

낮 일정까지는 완벽히 소화했는데, 숙소에 돌아가는 게 문제였다. 미국의 버스는 한국 버스처럼 목적지를 친절하게 방송으로 알려주지 않았다. 버스가 정해진 노선을 쭉 이어서 달리면, 내리는 승객이 알아서 하차 벨을 울려야 했다. 나는 초행길이니 여기가 어딘지 알 수 있을 리가 없었다. 밤이라서 주변이 잘 보이지도 않았고 지나다니는 사람도 거의 없었다. 버스를 혼자 타고 있는 젊은 여자는 나뿐이었고, 주변의 공기가 점점 무섭게 느껴졌다.

여러 번 길을 잃다가 겨우 호스텔에 도착했다. 그런데 문이 열리지 않았다. 안내 사항에 10시에 문을 닫는다고 적혀 있었는데, 계속 길을 잃다 보니 시간을 넘겨 도착한 게 문제였다. 그래도 예약을 했는데 받아주지 않을까 싶어 계속 벨을 눌렀는데도 아무 반응이 없었다. 주변에 다른 숙소가 있는 것도 아니었다. 치안이 서울과는 비교도 안 되게 나쁜 곳이어서 지금보다 더 늦은 시간까지 길거리를 돌아다니다간 다음 날 어딘가 좋지 않은 곳에서 눈을 뜰 게 뻔했다. 어쩌면 좋지? 마음이 조급해지고 심장이 쿵쿵 뛰었다.

일단 뭘 해도 돈이 필요할 거 같았다. 유일하게 열려 있던 동네 가게에 들어갔다. 현금인출기에서 돈을 뽑고 있었는데, 점원이 급히 나오더니 나와 어떤 손님의 사이를 가로막았다. 내 옆에 사람이 있다는 것도 모르고 있었어서 깜짝 놀랐다. 그 사람은 유유히 가게 밖으로 빠져나갔다. 점원이 나를 보더니 말했다. 너가 돈 뽑는 걸 기다려 지갑을 소매치기하려고 했던 거라고, 조심하라고. 이쯤 되니 무서워서 심장이 터질 것 같았다. 점원에게 콜택시를 불러달라고 부탁했고, 생각나는 호텔 이름이 힐튼밖에 없어서 힐튼으로 가달라고 했다. 야밤에 혼자 택시를 타는 것도 무서웠고 호텔비가 얼마나 비쌀지도 몰랐지만, 다른 방법이 아무것도 없었다.

다행히 택시 기사는 말만 좀 걸었을 뿐 나를 힐튼에 아무 탈 없이 데려다주었다. 호텔 카운터로 걸어가 바로 방을 잡았고, 200달러 정도를 지불했다. 내 신분증 생일은 2월 말인데, 당시는 3월 초여서 몇 주 차이로 겨우 만 18세가 되어 혼자 체크인할 수 있었다. 생일이 지나지 않았다면 정말로 밖에서 하루를 보냈어야 했을 거고, 치안이 나쁜 도시이니 아마 갓 성년이 된 여자 혼자 밤거리에서 무사히 살아남지는 못했을 것이다. 키를 받고 방에 들어와서 문을 잠근 후에야 후들거리던 다리가 진정되었다. 나중에 내가 살던 작은 동네로 돌아왔을 때 엄마에게 전화를 걸어 이날의 이야기를 들려주었다. 엄마가 수화기 너머로 말했다. "우리 딸 목숨값으로 20만 원이면 싸게 쳤네."

엄마는 아무 일도 아니라는 식으로 넘어갔지만, 정작 이날의 일은 방문학생으로 지내던 1년 내내 나를 괴롭혔다. 우리 엄마가 쓴 돈이 얼마인데 여기에서 내가 영어를 제대로 못 배워가면 안 된다는 생각 때문이었다. 겨우 만 18세였던 당시의 나에게 200

달러는 아주 큰 돈이었다. 미국 생활 내내 무언가 잘 안 될 때마다 200달러가 떠올랐고, 부모님이 힘들게 번 돈을 내가 낭비하고 있다는 생각에 스스로를 책망했다. 당시 나에겐 200달러가 영어 공부의 동기였던 셈이다.

시계를 10년 뒤로 돌려, 일본에 온 후 반년쯤 지났을 때였다. 누구에게나 한 번쯤 있을 법한 날이었다. 해야 할 일은 산더미만큼 쌓여 있는데 제대로 처리하는 건 하나도 없었고, 속이 점점 답답해져 오는데도, 꽉 찬 일정을 어떻게 해서든 다 소화해야 했다. 온라인 강의 영상을 찍어야 했지만 일단 잠시 미뤄두고 예전부터 잡혀 있던 약속에 나갔다. 여섯 명이 함께 저녁을 먹었는데 나는 식사 후 와인을 마시는 자리에서는 일 때문에 먼저 일어서야 했다.

혼자서 시부야 밤거리를 걸으며 집에 돌아가는데 온갖 감정이 북받쳐 올랐다. 내가 무슨 부귀영화를 누리려고 말도 못하는 나라에 와서 이 고생일까? 사진을 가리키지 않고는 음식 주문도 못 해서 다른 사람을 빤히 바라보고만 있는 주제에. 의지할 사람도 하나 없이. 말 안 통하는 나라에서 혼자 먹고살아야 하는 무게가 갑자기 확 나를 짓눌러왔다. 꽥, 하는 비명도 못 지른 채 열차 안에서 눈물만 주룩주룩 흘렸다. 집에 도착해서는 뺨을 세차게 짝짝 때리며 "정신! 차리자!"라고 외친 후에 온라인 강의 녹화를 다 마쳤다.

아무도 나에게 일본어를 배우라고 강요하지도 않았고, 학교에서 언제까지 일본어 능력 증명서를 내라고 요구한 것도 아니었고, 일본어를 못한다고 비자가 끊기는 것도 아니었다. 우리 과는 모두 영어로 소통하기 때문에 영어만 할 줄 알아도 별 문제가 없었다. 하지만 내가 스스로에게 세워놓은 기준이 너무 높았다. 여기에 온 후로는 코로나 때문에 집에 계속 박혀 있던 게 전부였는데, 여기에서 어학연수를 하거나 대학을 다닌 사람들만큼 일본어를 잘하려고 했다. 잉크도 안 마른 박사 졸업장, 이거 뭐 어디에 쓰나. 정작 나는 음식 주문도 자신있게 못 하는데. 이런 생각을 하면서 계속 자신을 깎아내렸다. 지금 잘하지 못하더라도 천천히 공부해 나가면 되는데, '되고 싶은 나'와 '지금의 나' 사이의 은하수만큼 넓은 간극을 바라보며 그저 낙담해 버렸다.

제2언어 학습 동기에 관한 이론 중에, 내가 원하는 미래 자아상과 현재의 모습 사이의 간극을 좁히려고 하는 힘이 학습 동기가 될 수 있다는 이론이 있다. 미래 자아상은 두 종류가 있다. 하나는 이상적 제2언어 자아이고, 다른 하나는 필연적 제2언어 자아이다(Dörnyei, 2009). 쉽게 말하면 전자는 되고 싶은 자신, 후자는 되어야 하는 자신이다. 전자는 영어를 배워서 외교관이 되거나, 워킹홀리데이를 가서 현지 아르바이트를 하거나, 주재원으로 해외 지사에 파견을 가는 것 등이 포함된다. 단순히 단기 목표나 장기 목표를 세우는 것과는 다르다. 영어를 사용해서 그 일을 하고 있는 자신의 모습을 명확하게 그려야 한다.

후자는 제2언어를 배워서 이루어내지 않으면 안 되는 자신의 모습이다. 당장 중요한 면접을 앞두고 있거나, 상사가 시킨 영어 업무를 해내야 하거나, 시험에 합격해야 하거나, 부모님이나 가족의 기대에 부응하기 위해 노력하는 것 등이 예다. 이 경우는 자신에게 지워진 책임이나 책무를 다하기 위해 영어를 공부하게 된다.

일반적으로는 되고 싶은 자신의 모습을 상상하고 그 모습과 가까워지기 위해 노력하는 사람의 학습 결과가 더 긍정적이라고 한다. 마치 중요한 경기를 앞둔 선수가 이미지 트레이닝을 하듯, 영어 학습에도 영어를 잘하게 됨으로써 될 수 있는 자신의 모습을 생생하게 그리는 게 동기 부여에 중요하다는 연구 결과도 있다(Chan, 2014). 미래에 되고 싶은 자신의 모습을 그리다 보면, 언어 공부에 더 많은 노력을 들이게 되고 긍정적인 경험도 쌓아가게 된다. 실제로 연구자들도 학생에게 자신이 되고 싶은 모습을 그림으로 그리게 하거나, 이미지 트레이닝을 시키거나, 롤 모델의 영상을 보여주는 등 다양한 방식으로 학생의 상상을 더 구체적이고 생생하게 만들어서 동기 부여를 시키기도 한다(Vlaeva & Dörnyei, 2021). 반대로 되어야 하는 자신의 모습을 충족하려고 하다 보면 언어 공부에 노력을 더 쏟을 수는 있지만, 언어에 대한 불안 또한 커질 수 있다(Papi, 2010). 주어진 기대를 충족하지 못하거나 책임을 다하지 못할까 봐 두려워하기 때문이다.

제2언어를 배울 때는 누구나 되고 싶은 자신, 되어야 하는 자신을 조금씩 갖고 있다. 지금 종이를 하나 꺼내 영어(혹은 다른 외국어)를 배워서 되고 싶은 나, 되어야 하는 나를 적거나 그려보면 다양한 모습의 자아상이 등장할 것이다. 마치 어릴 때 스케치북에 그림을 그렸던 것처럼 자신의 모습을 그려봐도 좋고, 다이어리에 하나하나 써내려 가도 좋다. 그리고 다시 질문해 보자. 나는 외국어를 배워서 무엇이 되고 싶고, 무엇이 되어야 하나?

영어를 배우던 미국 방문학생 시절에는 밤거리에서 날려버린 200달러가 '되어야 하는 자신'을 굳게 고정시킨 동기였다. 부모님의 투자에 걸맞는 성과를 얻지 않으면 안 될 것 같았고, 쓰지 않아도 될 돈을 써버렸다는 죄책감에 시달렸다. 영어 실력이 느는 기분이 들지 않으면 계속 자신을 학대하며 앞으로 나아갔다. 지금 생각해 보면 너무나 무모한 나날들이었다. 미국에 지냈던 일 년 동안 여행도 뉴욕에 한 번 다녀온 게 전부였다. 되어야 하는 자신을 쫓다 보니 되고 싶은 자신을 탐색할 시간도 없었다.

반면 일본어를 배우고 있던 1년차에는 오히려 '되고 싶은 자신'이 너무 높아 나를 좌절시켰다. 아무도 나에게 무언가를 기대하지 않았는데, 내가 나에 대한 기대를 한없이 높인 게 문제였다. 스스로에게 적당한 기대를 하는 건 좋지만, 기대가 너무 높아 스스로를 옥죄면 숨이 막힌다. 나는 뱁새 주제에 황새도 아니고 독수리가 되어 훨훨 날아가려 했다. 물론 지금도 독수리가 되고 싶은 마음은 그대로이지만, 일단 참새라도 되어보기로 했다. 당장 눈앞에 있는 책부터 읽어보고, 수업에 가서 말이라도 한 번 더 해보기. 학교 일본어 미팅에 가기 전 자료를 예습해서 한두 마디라도 던질 수 있게 준비하기. 그 시간들이 쌓이면 언젠가는 좋아지겠지.

되고 싶은 나, 되어야 하는 나. 두 모습을 전부 그려보고, 둘의 균형을 잘 맞춰나가자. 물론 현재의 나는 계속 헤매기만 하겠지만, 헤매다 보면 어딘가에는 닿으리라 믿으면서.

하루 몫의 하찮은 말

누구나 외국어를 쓸 때 어이없는 실수를 해놓고 집에 와서 애꿎은 이불을 걷어찬 경험이 있을 것이다. 식당에서 주문을 하는데 soup or salad(수프 또는 샐러드)를 super salad로 들어서 낭패를 봤다는 것 정도는 이제 흔한 개그가 되었고, 포크(fork)를 달라고 했는데 돼지고기(pork)로 알아들어 난감했다는 이야기도 있다. 얼마 전에 나도 일본어로 '재채기'가 뭔지 몰라서 "고양이를 만지면 에취 에취 해요"라고 말했는데, 상대방이 "그건 재채기(くしゃみ, 쿠샤미)라고 해요"라고 바로 알려주었다.

실수를 잘 웃어넘기는 사람도 있지만, 끝도 없이 되새기는 사람도 있다. 이상한 말을 내뱉고 난 후 집에 와 괜히 이불만 걷어찬다. 내가 왜 그런 말을 했지. 아 부끄러워서 어떡해. 괜히 주눅도 든다. 저 사람은 나보다 지낸 기간도 짧은데 말을 더 잘하네, 저 사람은 유학파도 아닌데 외국어를 잘하네. 아무리 비교하지 않으려고 해도 비교가 되고 열등감이 든다. 그나마 여기서 멈추면 괜찮은데, 마음이 약해져 있는 상태라면 스스로를 자책하는 단계까지 넘어간다. 나는 아무리 해도 안 되나 봐, 내가 노력을 안 해서 그래, 내 머리가 멍청해서 그래. 이런 자책이 이어지다 보면 언어 불안이 높아지고, 실수하는 게 두려워 말을 안 하게 되고, 그러다 보면 아예 실력이 늘지 않는 악순환에 빠진다.

자신의 실력이 실제로 좋지 않아서 불안할 때도 있지만, 다른 사람에게 실력이 평가당할까 봐 두려워서 더 불안해지기도 한다. 실제로 "영어를 쓸 때 가장 긴장되는 순간은 언제인가요?"라고 물었을 때 한국인이라면 공통적으로 이렇게 답한다. 외국인보다 한국인 앞에서 영어를 쓰는 게 더 신경 쓰이고 불안하다고. 내 영어를 비교하고 품평할 것 같고, 속으로 '저 사람 영어 공부 오래 했다고 하던데 그 정도 실력은 아니네'라고 판단할까 봐 두려워진다고.

외국인과는 어차피 공통으로 쓸 수 있는 언어가 영어뿐이니 외국어 학습의 본래 목적인 의사소통에 집중할 수 있지만, 한국인과는 한국어와 영어, 두 가지의 언어가 겹치다 보니 학습의 본래 목적보다는 얼마나 외국 물을 먹었는지, 얼마나 버터 바른 발음인지, 얼마나 '원어민'처럼 말하는지 등, 전달되는 메시지 내부보다는 메시지 외부를 평가하려 든다. 내가 던지는 메시지보다 내가 어떻게 메시지를 전달하는지를 보고 있다고 생각해 두려워진다. 메시지의 내용은 금방 바꿀 수 있지만 메시지를 전하는 방식을 쉽게 바꿀 수는 없다.

외국어를 할 때 나는 소통을 제대로 하지 못할까 봐 불안한 걸까, 아니면 타인에게 평가당할까 봐 불안한 걸까? 소통을 제대로 하지 못해 불안한 거라면 실력을 높이기 위해 연습하면 된다. 그러다 보면 자연스럽게 자신감이 붙고, 작은 성공의 경험을 쌓아가다 보면 불안도 덩달아 줄어든다. 하지만 타인에게 평가당할까 봐 불안한 거라면 타인에게 내 말을 평가할 권리를 의식적으로라도 주지 않도록 노력해야 한다. 그들은 내가 아무리 완벽한 외국어를 구사한다 해도 티끌만 한 결점을 찾아내어 평가할 테니까.

외국어를 쓸 때 불안해지는 감정과 어떻게 사이좋게 지낼 수 있을까? 예전에 다른 일로 상담을 받던 중에 상담사님이 내가 느끼는 감정에 이름을 붙여보라고 하셨다. 나는 내가 어떤 감정을 느끼는지 정확히 인지하지 못하고 흘려보내는 경우가 많았다. 그래서 내가 어떤 상태인지 깨닫질 못했고, 그저 물음표만 가득한 상태로 부정적인 감정의 소용돌이에 휩쓸려갔다. 그럴 때 이 감정이 쓸쓸함인지, 외로움인지, 우울함인지, 불안함인지 이름을 붙여보면 내가 감정을 인지할 수 있고, 그러면 비로소 나와 감정을 분리해서 바라볼 수 있어 도움이 된다는 것이었다.

시인 김춘수는 "내가 그의 이름을 불러주었을 때, 그는 나에게로 와서 꽃이 되었다"라고 썼다. 언어 불안 역시 우리가 불안이라고 불러주었을 때 실체가 생겨난다. 언어 불안이 있다면 먼저 불안에 이름을 붙여주고 테이블에 마주 앉아 이야기를 나눠봐야 한다. 문제의 해결은 언제나 문제를 인식하는 것에서 시작된다. 잘 모르는 언어를 말할 때 불안한 건 당연하지만, 불안이 그대로 설치도록 놔둔다면 언제나 불안할 수밖에 없다. 내 불안에 이름을 붙여 직접 마주하고 나에게서 떨어뜨려야 한다.

영어를 처음 배웠던 건 너무 오래전이라 기억이 흐릿하지만, 일본어를 처음 배우기 시작했을 때의 불안은 생생하게 기억난다. 일본에 떨어졌을 땐 일본어 문자인 히라가나와 가타가나, 그리고 애니메이션으로 들은 몇몇 단어 정도가 내가 아는 일본어의 전부였다. 한국인이라면 당연히 일본어를 쉽게 한다는 인식이 있는데 나는 정작 가게에서 주문도 제대로 못하는 실력이라 너무 창피했다. 일본에 와서 사귄 사람들과 어디를 가기만 하면 조용히 입을 다물고 있었다. 한번은 실수로 컵의 물을 쏟았는데 손을 들어 종업원을 부르기는 했지만 무슨 말을 해야 할지 몰라서 어버버하기만 했다. 옆에 있던 다른 분이 바로 물을 쏟았다고 대신 말을 해줘서 상황이 해결되었다. 그날 집에 돌아와서 느꼈던 자괴감을 일기에 휘갈겨 적어두었다. 그렇게 자괴감에 이름을 붙여 언어로 빚어낸 다음, 내 일기 구석에 묻어둔 것이다.

말을 제대로 못 해 무시당했을 때는 화가 갑자기 치밀기도 했다. 내가 말을 못하는 것뿐이지 무시받을 이유는 전혀 없는데. 차마 그 자리에서 싸우지는 못하고, 집에 와서 또 일기장에 긴 글을 적어내려 갔다. 그렇게라도 분노에 이름을 붙여서 나와 떨어뜨려야 했다. 그렇지 않으면 분노에 휩싸여서 무슨 사고라도 칠 게 뻔했다.

일본어로 말할 때는 늘 긴장되고 불안했고, 불안을 이대로 둘 순 없었다. 자괴감과 분노가 내 언어 성장을 막도록 둘 수는 없었다. 당연하게도, 언어 불안과 학습의 성취도는 부정적인 관계에 있다(Horwitz, 2001). 언어 불안을 느끼는 학습자는 성취도도 낮은 경향이 있다는 의미다. 말하는 게 두렵고 무서워서 말하지 않으면 그만큼 시행착오를 해볼 기회가 적어진다. 그러면 아무것도 나아지지 않는다. 수업 중에도 불안이 높아서 좀처럼 말하지 못하는 학습자는 그만큼 말할 기회를 잃게 되고, 자신이 말한 내용을 복기하고 실수를 곱씹으면서도 이를 개선하는 데 어려움을 겪는다. 오늘 하루의 하찮음을 쌓아야, 내일 한 칸 더 올라선 나를 볼 수 있다.

언어를 배울 때는 완벽주의자보다 목적주의자가 되어야 한다. 실제로 완벽주의 성향과 언어 불안은 연관되어 있다고 한다(Gregersen & Horwitz, 2002). 자신이 세워놓은 기준이 너무 높으면 오히려 그 기준이 자신을 옥죈다. 아무 말 대잔치를 하는 것도 나이고, 어느 날 운이 좋아 유창하게 말하는 것도 나이다. 내 말의 하찮음을 견디는 만큼 내 말그릇이 넓어진다.

이 모든 걸 전부 아는데도, 다 큰 성인이 하찮음을 견디기란 보통 쉬운 일이 아니다. 자신의 자아가 이미 자기 키만큼 성장해버린 성인에게, 겨우 한 뼘 되는 외국어 자아로 살아가라고 하면 절망스러운 게 당연하다. 어제도 하찮음, 오늘도 하찮음, 아마 내일도 하찮음. 이걸 어떻게 견디라는 말이야.

십여 년 전의 일을 생각했다. 미국에서 1년간 방문학생으로 머무르던 중, 여름방학 동안 미네소타주의 이민자지원센터에서 영어를 가르치는 봉사 활동을 했다. 봉사 활동이었지만 주 4~5회는 센터에 나가서 초급반 선생님을 보조했다. 초급반 안에서도 알파벳을 쓸 수 있는 사람과 없는 사람이 섞여 있어서 수업을 원활하게 진행하기가 어려웠다. 선생님께서 알파벳을 쓸 수 없는 학생을 따로 모아다가 나에게 배정해 주셨고, 교실도 하나 비워주셨다.

내가 맡게 된 학생들은 대부분 태어나서 글자를 처음 배워보는 소말리아 출신 여성이었고 대체로 나이가 많았다. 당연히 의사소통이 제대로 될 리가 없었다. 펜을 잡는 법부터 시작했고, 펜을 움켜쥔 손을 같이 잡고 A, B, C를 써나갔다. hello, boy, girl, school, bus, name 같은 단어를 그림 사전(picture dictionary)을 보며 하나씩 쓰기 시작했다. 설명이 난감할 때는 어머님들은 앉아 계시게 하고 내가 칠판 쪽으로 가서 직접 그림을 그려 설명하거나, 몸으로 온갖 1인 연극을 하기도 했다.

3개월을 꼬박 공부한 끝에 모든 어머님이 신분증을 보지 않고도 자신의 이름을 영어로 쓰고, 영어로 인사를 하고, 자녀의 학교 생활이나 가족 생활 이야기를 영어로 할 수 있었다. 한 학생은 임금 체불을 당한 상황을 영어로 설명했고, 센터에 도움을 청하기도 했다. 3개월의 별것 아닌 나날들이 쌓여 만들어진 결과였다. 원어민도 아니고, 적어도 서른 살은 어린 나 같은 애한테 영어를 배우는 어머님들도 하루하루의 작은 노력을 쌓아 이만큼 성장하셨는데. 내 하루 몫의 하찮음을 견디는 것쯤이야.

여전히 말 실수도 하고, 흑역사도 만들며 바로 떠오르는 말이 없어 어버버하기도 하는 나날이다. 세 언어가 자기 멋대로 섞여서 이상한 말을 내뱉기도 한다. 뭐 하나 제대로 하고 있는 게 없어서 늘 불안하고 초조하지만, 뭐 어쩔 수 없다. 불안을 불안으로만 놔둘 수도 있지만, 나는 불안을 살뜰하게 성장의 발판으로 삼아 앞으로 나아가야지.

언어들과 문화들 사이에서

동료 선생님들과 2주에 한 번씩 온라인으로 만나서 이야기를 나누는 모임이 있다. 2주간 어떤 연구를 했고, 수업 중에 어떤 일이 있었고, 무엇을 느꼈는지 등을 두세 장 정도로 써와서 한 시간 반정도 이야기를 나눈다. 가볍게 시작했는데 벌써 2년이 넘게 이어져오고 있고, 그 덕분에 2년간 성장해 온 기록을 남길 수 있었다.

2019년 8월에 처음 이 모임이 시작되었다. 당시 나는 미국에서 박사과정을 마무리하며 전 세계에 지원서를 보내고 있었다. 2019년 말부터 일본의 학교와 인터뷰하기 시작해, 2020년 초에 일본으로 가는 게 확정되었다. 2020년 3월에 박사논문 심사를 받고, 열흘쯤 뒤에는 일본으로 날아가서 새 삶을 시작하게 되었다. 하지만 바로 코로나 위기 상황을 맞이했다. 이 모든 기간 동안 2주 간격으로 모임을 하고 있었던 덕분에, 박사 졸업, 국제 이주, 첫 정규직 취업, 코로나바이러스의 유행 등 인생의 굵직한 사건들이 모두 기록으로 남게 되었다.

내 기록을 쭉 훑어보다 보니, 2020년에 일본으로 오고 나서부터는 계속 '낑겨 있다'는 말을 쓰고 있었다. 표준어 '끼여 있다'로는 내가 느끼는 기분을 제대로 표현할 수 없었고, 꼭 내가 나고 자란 대구의 사투리로 '낑겨 있다'라고 해야 될 것 같았다. 한국, 미국, 일본 중 어느 곳에도 속해 있지 않은 것 같았고, 어느 언어도 내 언어로 느껴지지가 않았다. 계속 이렇게 둥둥 떠다니는 삶을 살아야 하는 걸까. 빙하의 크레바스 사이에 '낑겨' 있는 기분이었다. 아무리 "도와주세요!"라고 외쳐도, 크레바스 안에 '낑겨 있는' 나는 누구에게도 발견되지 못할 것 같았다(Kim & Cho, 2022).

태어나고 자란 곳, 공부한 곳, 일하는 곳이 모두 다르니 어떤 문화를 따라야 할지도 몰랐다. 박사를 졸업했고 교수가 되었다면 학계의 문화를 완전히 잘 알지는 못하더라도 어느 정도는 익숙할 거라는 기대가 있는데, 나는 중간에 나라를 옮긴 터라 일본 학계가 어떻게 돌아가는지 전혀 알 수가 없었다. 함께 연구할 동료를 어떻게 찾아야 하는지, 이 나라는 어떤 학계 활동에 더 비중을 두는지 등을 전혀 알 수가 없었다.

학교에서 일본어로 메일이 날아오면 아무리 파파고의 도움을 받는다 해도 너무 당황스러웠다. 일뿐만 아니라 생활 안에서도 불편함이 쌓여갔다. 식당에서는 차가운 물조차 제대로 주문하지 못했고, 일본인도 아닌 한국인에게 일본어를 못한다고 무시당하고 나서는 이대로는 안 되겠다 싶었다. 코로나로 인한 제한이 조금 풀렸던 2020년 하반기부터 일본어를 조금조금씩 배워나가기 시작했고, 동네 구청에서 열리는 일본어 교실, 학원 주말반, 화상 회화, 독학 등 온갖 방법을 동원해 조금씩 언어 실력을 쌓아갔다. 식당에서 물 달라는 말도 못 하다가, 어느 순간부터는 용기를 내서 조금씩 새로운 걸 도전해 볼 수 있었고, 요리 교실이나 발레 학원도 등록해서 다녀보았다. 일본인 친구를 사귀기도 하고 함께 카페에 가서 일본어로 이야기도 하면서, 점점 일본어 실력이 발전해 갔고 일본 사회와의 접점도 늘어갔다.

그러던 중 생각하지도 못했던 문제가 생겼다. 차라리 일본어를 전혀 하지 못했을 때는 정체성의 혼란이 없었지만, 일본어를 하기 시작하면서는 묘한 감정이 들 때가 많았다. 나는 일본 사회가 생각하는 '영어 하는 외국인'의 이미지와 아주 멀리 떨어져 있었다. 단적인 예로 일본인들은 '외국인' 같은 사람을 보면 영어로 말해야 할 것 같은 압박을 받는데, 나를 보면 일본어로 먼저 말을 건다. 일본인처럼 보이기 때문이다. 일본어를 아예 못할 때는 선택지가 없으니 그냥 영어로 답했는데, 일본어를 조금씩 하기 시작하니까 마치 내가 일본어를 하는 게 당연한 거고 못하면 내 잘못인 것처럼 느껴졌다. 아니, 이게 아닌데.

한국인인데 일본에 와서 영어를 가르치고 일본어보다 영어가 더 편한 사람은 적어도 내 주변에는 없었다. 나는 일본 내의 영어가 편한 외국인 커뮤니티에 속하지도 않았고, 일본어가 편한 한국인 커뮤니티에 속하지도 않았고, 그렇다고 일본인인 건 더더욱 아니었다. 나는 정말로 '낑겨' 있었다. 어디에도 속하지 않고 어디에도 속할 수 없었다.

'리미널리티(liminality)'라는 인류학 개념이 있다. 한국어로는 리미널리티 혹은 경계선 등으로 번역하지만, 나는 '경계성'으로 번역하는 걸 좋아한다. 이 개념은 본래 문턱에 선 상태를 일컫는다. 예를 들면 성인식 때처럼 어린이도 아니지만 성인도 아닌 경계의 상태. A에서 B로 이행하고 있지만, 지금은 A도 B도 아닌, 문턱에 서 있는 상태를 의미한다.

제2언어 학습에서도 똑같은 개념이 있다. 자신의 모국어(A)와 제2언어(B) 사이의 언어를 중간언어(interlanguage; Selinker, 1972)라고 부른다. 중간언어는 모국어도 제2언어도 아닌, 그 사이에서 발전하고 있는 언어다. 그러나 오래 쓰지 않거나, 공부를 멈추거나, 쓰고 있던 표현만 쓰게 되면 발전이 점점 둔화되어 멈춰버리는데, 이때 언어가 화석화되었다고 말한다.

그러나 최근에는 리미널리티 개념을 더 폭넓게 확장해서 쓰고 있다. 세상 모든 게 A와 B 사이에 위치하지는 않고, A가 꼭 B가 되지도 않으며, 될 필요도 없기 때문이다. 언어 학습을 예로 들면, 내 모국어는 한국어(A)이고 지금은 일본어(B)를 배우고 있다. 내 일본어가 상당히 유창하지는 않으니 A와 B 사이에 있다고 볼 수도 있을 것이다. 하지만 나는 일본어를 배워서 일본인이 될 수도 없고, 되고 싶지도 않다. 나중에는 생각이 바뀔지도 모르지만, 내가 일본어를 배우는 이유는 일본 사회에 완벽히 녹아들어 일본인 같은 한국인이 되기 위한 게 아니라, 일본인이 일본인의 시선으로 보지 못하는 것들에 대해 이야기하기 위함이다.

나는 영어를 이미 쉽게 구사하는 상태에서 일본어 학습을 시작했다. 일본 사람들이랑 대화할 때 영어를 섞어 쓰기도 하고, 반대로 영어로 대화하는 상황에서도 상대방이 이해한다면 일본어를 섞어 말하기도 한다. 한국어를 하는 학생이 있으면 한국어와 영어, 일본어를 섞어서 말하기도 한다. 한국어(A), 일본어(B), 영어(C) 및 한국, 일본, 미국 사이의 어딘가에 '낑겨 있는' 셈이다. 나는 세 언어와 세 문화 어디에도 완전히 속하지 않고, 완전히 속할 생각도 없다. 그리고 지금처럼 계속 경계에 선 삶을 꾸려나가고 싶다. 비록 문턱에 서 있기는 하지만, 이 문턱을 넘어서 완전한 한국인, 일본인, 혹은 미국인이 되는 건 불가능하고, 그렇게 되어야 할 이유도 없다.

아직도 화석화 및 중간언어에 대한 연구가 계속 나오고 있지만, 학계의 패러다임은 이미 한 번 크게 바뀌었다. 이제는 언어1, 언어2, 언어3처럼 언어의 개수를 세고 각 언어의 능숙도를 평가하는 게 아니라, 각 언어를 의사소통의 자원 중 하나로 보고 언어를 다른 의사소통 자원과 섞어서 목적을 달성할 수 있는지가 더 중요하다고 본다. 학습자는 언어A에서 언어B로 이행하려는 사람이 아니라, 언어와 의사소통 자원 간의 경계를 넘어서 자신의 의사소통 능력을 확장시켜 가는 사람이다.

자신이 구사할 수 있는 언어를 하나하나 더해가는 것보다, 언어 간의 경계를 넘어서 상대와 협력하며 목적을 달성하는 게 더 중요하다. 언어는 더하기가 아니라 곱하기다. 하나의 언어를 배운다고 단지 하나의 언어만을 할 수 있는 게 아니라, 지금까지 갖고 있던 다른 언어 및 의사소통 자원과 엮어 더 많은 걸 할 수 있다. 이런 관점을 '초언어하기(translanguaging)'라고 부른다.

다언어와 다문화 간의 경계에 서서 생각한다. 세상은 무 자르듯이 A 아니면 B로 나눠지는 건 아닌 거 같아. 세상에는 무수한 A, B, C, D, E가 있고, 누구나 다 그 사이 어딘가에 서 있는 건지도. "나는 완전한 한국어를 구사하는 완전한 한국인이야!"라고 말할 수 있는 사람이 세상에 몇이나 있을까. 완전한 한국어는 뭐고 완전한 한국인은 또 무엇이겠어. 사람들이 발 딛고 서 있는 위치는 제

각각 다르겠지만, 어디 한군데에 완전히 속하는 사람 같은 건 어디에도 없고, 누구나 다 어느 정도 '낑겨 있는' 삶을 살아가는 것 같다. 그러니 한 언어를 완벽히 구사한다거나 한 문화에 완벽히 적응해야겠다는 생각을 버리고, 경계에 선 자유를 누렸으면.

내가 서 있는 자리, 상대가 서 있는 자리

박사과정을 졸업하기 직전, 미국에서 중급 한국어 수업을 맡아 한 학기 동안 강의한 적이 있다. BTS, 한국 드라마, 케이팝의 영향으로 미국에도 한국어를 배우고 싶어하는 대학생이 꽤 있었다. 부모님이 한국인이지만 미국에서 태어나 자라서 한국어를 제2언어로 배우는 학생들도 섞여 있었다.

중급 수업이니 유튜브에 올라와 있는 한국 예능 영상, 브이로그 등을 섞어서 수업을 진행했다. 교과서에는 미국에서 한국어를 공부하는 학생들의 필요에 맞게 한국 관광 혹은 한류 가수 등에 관련된 이야기들이 실려 있었다. 그런데 교과서에 있는 명동 길거리 음식의 예시와, 실제로 내가 명동에서 아르바이트를 할 때 보았던 길거리 음식이 판이하게 달랐다. 교과서는 떡볶이 같은 대중적 음식을 설명하고 있었지만, 내가 아르바이트를 할 당시에는 가리비치즈구이나 새우버터구이 같은 음식이 길거리를 점령하고 있었다. 유튜브에서 명동 길거리 브이로그를 찾다가 보여주었다. "여러분, 교과서의 예는 정말 전형적인 길거리 음식이고, 실제로 명동에 가면 이런 음식들이 있어요. 랍스터도 팔고 조개도 팔고 문어 꼬치도 있어요. 맛있긴 하지만, 바가지에 주의하세요"라고 알려주면서.

한 학기 수업을 그렇게 이어가다가 난관에 부딪혔다. 교과서에 백남준의 예술 작품이 등장했을 때였다. 나는 92년생이고, 내 수업을 듣는 학생은 보통 90년대 중후반생이었다. 내가 예술에 문외한이라 그럴지도 모르지만, 백남준이란 이름은 교과서에서 스치듯 본 게 전부였다. 유치원에서 박물관으로 소풍을 갔을 때 텔레비전 여러 대가 높이 쌓여 있는 곳을 지나갔고, 그게 백남준과 관련이 있었다는 것 정도밖에 기억이 나질 않았다. 겨우 유튜브에서 관련 영상을 찾아서 수업을 하긴 했지만, 내가 잘 모르는 것이라 설명하기가 어려웠다. 교과서를 집필한 사람들이 좀 윗세대인가 보다 생각하고 넘어갔다. 교재를 만든 사람과 내 경험이 워낙에 달라서 가끔은 학생들에게 무엇을 보여주어야 할지도 잘 알 수가 없었다.

미국의 유학생을 대상으로 하는 교재는 명동의 길거리음식, 케이팝 같은 대중문화 등 '힙'한 주제를 다룬다. 한편, 결혼이주여성을 위한 교재가 담고 있는 내용은 이들과는 천지 차이로 다르다. 여성가족부(2005)에서 발간한 《여성 결혼이민자를 위한 한국어교재(초급)》는 이렇게 시작한다. "교재를 만드는 과정에서 가장 염려스러웠던 점은 '가정 내에서 살림을 하는 여성 결혼이민자를 모델로 한' 이 교재가, 이주여성을 말 그대로 '가정 내에서 살림만 하는 존재' 로 그려내고 있지는 않은가 하는 점이었습니다. 안타깝게도 지금의 수많은 여성 결혼이민자들의 현실은 거기에서 크게 벗어나지 않는 것으로 보입니다."(7쪽) 교과서를 펴내는 여성가족부 역시 가정 내에서 살림을 하는 여성을 상정하고 교재를 만드는 게 꺼림칙했지만, 그럴 수밖에 없었던 걸로 보인다. 실제로 교재 안의 내용 역시 대부분 가정 생활에 관련되어 있다.

똑같은 한국어를 배운다 하더라도, 미국의 대학생과 한국의 결혼이주여성이 접하는 한국어 세계는 전혀 다르다. 전자의 경우엔 전주 한옥 마을 같은 힙한 관광지나, 한국 대학생들의 연애 문화 등에 대해서 이야기한다. 배우는 어휘도 '썸을 탄다'와 같은 것들이다. 그런데 결혼이주여성의 교과서는 시가 호칭을 기본적으로 가르친다. '시아주버니' 같은 말은 한국어 원어민인 나에게도 생소한데, 결혼이주여성용 교과서에서는 초급 레벨이면 알아야 하는 기본 어휘로 나온다. 학습자의 필요에 맞춘 거라고 말할 수도 있겠지만, 학습자들에게 과연 선택권이 있었을까? 한국어라는 무궁무진한 가능성 안에서 어떤 세계를 만들어갈지를 학습자 자신이 정하지 못하는 건 아무래도 애석하다. 학습자가 서 있는 자리에 따라서 언어를 통해 접할 수 있는 세계가 확연히 달라진다.

영어 역시도 마찬가지다. 한국에서 영어를 배울 때는 교과서에 여러 국적의 등장인물이 나와서 대화를 하거나 자신의 문화를 소개했다. '신기하네, 새롭네' 같은 느낌은 들었으나 위화감이나 이질감은 그리 들지 않았던 걸로 기억한다. 그런데 박사과정을 함께한 동기의 이야기를 들었을 때, 내 영어 학습 경험을 반추해 보게 되었다. 이 친구는 니카라과의 영어 교사를 인터뷰해서 논문을 썼다. 미국에서 나온 영어 교과서는 보통 중산층의 삶을 묘사하는데, 냉장고에서 음식을 꺼내 오븐에 데워 먹는 것 같은 아주 평범해 보이는 일상을 니카라과의 학생들에게 보여주었을 때 학생들은 거의 공감을 하지 못했다고 한다. 당장 하루에도 몇 번씩 전기가 끊기는데 오븐과 냉장고라니. 교과서를 처음 펴는 순간부터 자신의 환경과는 한참 떨어진 세계의 이야기를 새로운 언어로 배워야 하는 셈이다. 나는 교과서의 소재 하나에 불과한 백남준도 나의 경험과 너무 다르다는 이유로 수업을 하기 어려웠는데, 니카라과의 학생들은 교과서 전체에서 생소한 생활상을 접하고 있는 셈이었다.

교재에서 그리고 있는 세계와 학습자가 실제로 경험하며 살아가는 세계는 비슷할 수도 다를 수도 있다. 비슷하다면 좋은 교재를 찾은 것이고, 다르다면 새로운 세계를 경험하는 도구로 삼기 이전에 오히려 박탈감을 부추길 수도 있다.

언어 학습의 경험은 학습자가 서 있는 자리에 따라 천차만별로 다르다. 누군가가 자신처럼 하면 영어를 잘할 수 있다고 말하거나 자신처럼 하면 다언어자가 될 수 있다고 설파한다면, 그 사람이 서 있는 자리와 내가 서 있는 자리를 한 번쯤은 비교해 보는 게 좋다. 그 사람은 어느 언어를 하든, 어디를 가든 환영받는 사람인가? 아니, 적어도 차별받지 않는 사람인가? 그 사람이 언어 학습에 쓸 수 있는 자원은 어떤 게 있나? 그렇다면 내 경우는 어떤가? 나는 이 언어를 배워서 생활할 때 차별받지 않는 환경에 있는가? 나는 어느 정도의 자원을 동원할 수 있는가? 단순히 선진국백인 비장애인 남성이 가장 언어를 배우기 쉽다고 말하고 싶은게 아니라, 상대와 내가 서 있는 자리의 차이를 인식해야 상대의조언과 경험이 나에게 어느 정도 가치가 있을지 가늠해 볼 수 있다는 뜻이다.

이 사람이 이 언어를 잘하는 이유가 뭘까? 노력을 많이 해서? 좋은 언어 학습법을 알고 있어서? 돈과 여유가 많아서 해외에서살 수 있었기 때문에? 언어 재능을 타고나서? 이 모든 질문과 함께 물어야 할 질문이 있다. 이 사람이 환대받는 위치에 있는지, 멸시받는 위치에 있는지. 익숙하지 않은 언어를 사용해 더듬더듬 말을 건넸을 때 해당 언어를 쓰는 주변 사람들이 친절히 인내심 있게 기다려줄 것 같은지, 혹은 그 자리를 피하려고 하거나 듣지 않으려 할 것 같은지. 말을 잘 못하거나 문화를 몰라서 무례를 저질러도 주변 사람들이 상냥하게 알려주거나 이해해 줄 것 같은지, 아니면 찬바람을 쌩쌩 풍기며 "너희 나라 애들은 다 그래?" 하고 비웃을 것 같은지.

하물며 모국어를 배울 때도 그렇다. 계속 말을 걸어주고, 책을 읽어주고, 질문에 대답해 주는 가정 환경에서 자라난 아이들과, 아이를 대화 상대로 보지 않는 가정 환경에서 자라난 아이들의 언어 사용 양상은 달랐다(Heath, 1983). 간단히 생각해 봐도 양육자가 끊임없이 아이와 대화하려 하고, 아이를 존중하는 말을 구사하며, 잘못을 해도 잘 타이르면서 언어 발달을 촉진한 경우와, 양육자가 아이에게 무심하거나 잘못을 하면 무섭게 혼내기 바쁜 경우의 아이의 언어 사용 양상이 같지는 않을 것이다. 전자의 아이가 후자의 아이에게 "너희는 노력을 안 해서 말을 못하는 거야. 이런 학습 방법을 써봐"라고 말한다면 모순이듯이, 외국어 학습도 그렇다.

새로운 언어를 배우고 사람들을 만나며 경험을 쌓아갈 때, 환대받지 못하고 상처만 입는다면 학습을 지속하기가 어렵다. 가령 동아시아인인 나에게는 싸늘한 태도로 대하면서 같은 백인에게는 상냥한 웃음을 띄우는 마트 종업원을 만나거나, 칭챙총을 외치며 거리낌 없이 인종차별을 하는 십 대들을 길거리에서 마주치거나 하는 일들이 쌓이고 쌓인다면 마음에 상처를 입는다. 미국에 있을 때 길거리를 걷던 도중 머리에 쓰레기를 맞은 적이 있다. 놀라서 고개를 들어보니 옆 건물 5층에서 날아온 것이었다. 다섯 살도 안 되어 보이는 여자아이의 짓이었다. 아이와 내 눈이 마주쳤을 때, 아이가 씨익 웃더니 다음 쓰레기를 집어들고 나를 겨누었다. 바로 몸을 피했다. 단순히 아무에게나 던지려고 한 건데 내가 마침 지나가고 있었던 건지도 모르지만, 내가 만만해 보이는 아시아인 여자라서 던진 거라고 생각할 수밖에 없었다. 덩치 크고 무섭게 생긴 백인 남자가 지나가고 있었다면 과연 그 사람과 눈을 마주치고 나서도 쓰레기를 던지려고 했을까. 내가 소수자의 위치에서 다수자의 언어를 말하며 다수자의 사회를 살아가고 있다면 자신을 계속 검열하게 되고 소심해진다. '마음을 고쳐먹어 봐야지!'라고 다짐해도 생각처럼 잘 되지 않는다. 사람은 사회적 동물이니까.

언어는 사회, 정체성, 권력, 차별과 똑 떨어진 진공 상태에서 존재하지 않는다. 상대가 서 있는 자리는 어디인지, 내가 서 있는 자리는 어디인지 생각해 보자. 선 자리에 따라 풍경도 변한다. 내가 보는 풍경과 상대가 보는 풍경은 전혀 같지 않을 수도 있다.

어떤 언어가 날 지켜줄까

나는 일본에 사는 한국인이고, 한국어와 영어는 편하게 구사하지만 일본어로 대화하는 것은 아직 어렵다. 혹시나 여기에서 무슨 일이 생긴다면 어느 언어를 사용해야 나를 지킬 수 있을까? 나는 일본에 아무 연고가 없다. 배우자도 친척도 없고 믿을 건 나 자신뿐이다. 나밖에 나를 지킬 사람이 없다. 보통은 방에 나타난 벌레를 잡을 때만 이런 생각을 한다. 나 말고는 잡을 사람이 없으니까. 그런데 얼마 전에 '내가 가진 언어 중에 어떤 걸 써야 나를 지킬 수 있을까?' '어떤 언어가 날 지켜줄까?'라는 생각을 하게 된 계기가 있었다.

일본 사람과 함께 피자집에서 피자를 먹고 있었다. 상대가 영어를 거의 못 해서 주로 일본어로 대화했고, 내가 쓰는 일본어는 10초만 들어도 외국인의 일본어라는 사실을 바로 알 수 있었다. 종종 단어가 떠오르지 않을 땐 영어를 섞어가면서 말했고, 한국 이야기도 하면서 재미있게 대화를 이어나갔다. 그런데 계산을 하려고 일어나서 나가고 있을 때 문제가 생겼다.

　내 뒤 왼쪽에 앉아 있던 일본 여성 한 명이 나를 역겨운 눈빛으로 쏘아보고 있었다. '내가 뭘 잘못 봤나?' 싶어서 눈을 피했다가, '뭐지?' 싶어서 다시 그쪽을 바라봤다. 그 여자는 계속 내가 무슨 더러운 걸레라도 되는 듯 째려보고 있었다. '내가 나오다가 실수로 저 사람을 치기라도 했나?' 싶었지만, 실수로라도 그 사람을 칠 수는 없을 정도로 거리가 떨어져 있었다. '내가 대화 중에 이상한 말을 쓰기라도 했나?' 싶어서 같이 식사를 한 일본 분께도 물어보았지만, 이상한 건 아무것도 없었다고 한다. 내려오면서 다시한번 돌아봤는데 아직도 나를 쏘아보고 있었다. 아무런 이유 없이 쓰레기 보는 듯한 눈빛을 받은 건 난생 처음이었다. 그때서야 깨달았다. 아, 이게 인종차별이구나.

　일본 내에 한국을 싫어하는 혐한이 아직 남아 있다고 듣긴 했지만, 직접 본 건 처음이었다. 나이가 많은 사람이나 그럴 거라고 생각했는데 이십 대의 젊은 여성에게 그런 눈빛을 받으니 어안이 벙벙했다. 요즘 일본의 이십 대는 트와이스, BTS, 한국 드라마를 보고 자랐으니 한국에 호의적일 거라고 막연히 생각했다. 상투적인 말이지만, 인생은 실전이었다. 해외에서 외국인으로 사는 이상 언제든 이런 일이 생길 수 있었다. 그때는 째려보고 끝나는 게 아니라 더 노골적인 차별도 받을 수 있었다. 내가 지금껏 너무 안이했구나. 언제라도 누군가의 이유 없는 적의를 받을 수도 있구나. 나를 지키는 건 온전히 내 몫이구나.

몇 주 후, 한국 운전면허를 일본 운전면허로 교환하기 위해 내가 사는 현의 운전면허 시험장을 찾았다. 아주 커다란 5층 건물이었고 층마다 사람들이 꽉꽉 차 있었다. 사람들은 다닥다닥 모여서 필기시험을 보러 가거나, 접수를 하거나, 실기시험 준비를 하고 있었다. 나는 외국 면허를 담당하는 층으로 가서 줄을 섰고 번호표를 받은 후 의자에 앉아 기다렸다.

멍하니 앉아 있는데 내 왼편에서 큰 소리가 들려왔다. "This is racism(이건 인종차별입니다)!" 특히 racism(인종차별)이라는 단어에 강한 힘이 실려 있었다. 고개를 돌리자마자 긴 곱슬머리의 여자분이 이어서 힘주어 말했다. "I'll follow the rules but this is racism(저는 규칙을 따르겠습니다만 이건 인종차별입니다)."

우리가 있던 층은 외국 면허를 담당하는 곳이었고 일본어와 영어로 된 안내 서비스가 있었다. 나는 일본어로 안내받았지만, 내 옆에 앉아있던 백인 여자는 영어로 안내받았다. 물론 영어 안내가 완벽한 건 아니었으나, 적어도 어떤 서류가 필요하다, 몇번 창구에 가야 한다, 키오스크에서 무슨 버튼을 눌러야 한다 같은 필수적인 말은 영어로 안내해 주는 것 같았다. 그런데 왜 그 분은 "This is racism!"을 외치지 않으면 안 되었을까?

피자집과 운전면허 시험장에서 있었던 일 이후에 쭉 생각했다. 어떤 언어가 나를 지켜줄까. 나는 일본에 의지할 가족도 친척도 없는 혈혈단신이기 때문에 무슨 일이 일어나든 내가 해결해야 한다. 나를 먹여 살려야 하고, 나를 지켜야 한다. 문제가 생겼을 때 서툰 일본어로 해결하려고 하다가 괜히 일본어도 못하는 외국인으로 인식되고 말지 않을까. 일본 사회도 한국처럼 영어에 아주 높은 가치를 부여한다. 차라리 영어를 잘하며, 미국에 오래 살았고 고등교육을 마친 사람으로 나를 꾸며야 살아남을 수 있을 거 같았다. 학벌을 내세우거나 자랑하려는 게 아니라, 아무 이유 없는 적의를 마주했을 때 적어도 나를 지키기 위함이었다.

정체성, 언어, 사회, 권력은 서로 칭칭 감기고 엮여 있어서 무 자르듯 똑똑 떼어낼 수가 없다. 내가 쓰는 세 가지 언어는 내가 드러내고 싶은 정체성, 살아가는 사회, 얻어낼 수 있는 권력과 실타래처럼 복잡하게 엉켜 있다. 인종차별에서 나를 지켜야 하는 극단적인 사례까지는 아니더라도, 일상에서 이 실타래 뭉치를 어떻게 풀어내야 하는지, 어떤 언어로 나의 위치를 만들어가야 하는지 어려울 때가 많았다.

어느 날은 일본 친구와 메시지를 주고받고 있었다. 당시 나는 코로나 백신 접종장에서 1차 접종을 막 마쳤을 때였다. 보통 일본에서 의료 처치를 받으러 가면 한참 기다리곤 하는데, 백신 접종장은 시스템이 아주 잘 되어 있었다. 접수와 신분 확인, 접종권 제출, 체온 체크, 문진표 제출, 의사 면담, 접종, 접종 후 대기까지 한 번도 기다리지 않고 계속 다음 단계로 쭉쭉 걸어나갔다. 내가 마치 컨베이어 벨트 위에서 빙빙 돌아가고 있는 슈크림빵이 된 느낌이었다. 여기서는 반죽, 저기서는 성형, 그다음에는 오븐. 마지막으로 슈크림을 가득 주입받고 포장지에 싸여 나갈 준비를 하는 슈크림빵. 손에 종잇조각을 들고 앞사람을 따라서 막 걸어간 것뿐인데, 정신을 차려보니 접종이 다 끝나 있었다.

　그 경험이 너무 신기했던 나머지, 당시 일본어로 메시지를 주고받고 있던 친구에게 "접종장이 무슨 컨베이어 벨트 같았어요!"라고 메시지를 보냈다. 컨베이어 벨트는 어디에나 다 있는 거니까 당연히 알아듣겠지. 그런데 웬걸, 친구의 답장은 "벨트 컨베이어?"였다. 아니 벨트 컨베이어는 또 뭐지? 구글 이미지를 검색해보고서야 깨달았다. 영어도 한국어도 컨베이어 벨트라는 표현을 쓰지만, 일본어로는 벨트 컨베이어였다. 컨베이어 벨트라고 검색하면 허리띠가 나오고, 벨트 컨베이어라고 검색해야 내가 아는 공장의 벨트가 나왔다. 세상에 뭐 이런 게 달라, 하면서 "와 신기하네요! 영어도 한국어도 컨베이어 벨트라고 쓰는데 일본어로는 벨트 컨베이어네요! 초코민트도 일본어는 초코민트라고 쓰는데 영어, 한국어로는 민트초코에요 너무 신기해요!"라고 적어 답을 보냈다. 한국어 이야기만 해도 되었을 텐데, 꼭 영어를 끼워 말했다.

왜인지는 모르겠지만 그러고 싶었다. 일본어를 못하는 외국인이 아니라 3개 국어의 차이점을 방금 찾아낸 다언어자가 되고 싶었다. 한국어만 써서 보낸다면 전자가 되고 영어를 넣어 보내면 후자가 될 거 같았다. 영어는 세계화의 상징이 아닌가. 이 상징을 십분 활용하고 싶었다. 지금 와서 돌아보면 얄팍한 생각이지만, 그때는 그러고 싶었다.

종종 학교 타 부서에서 메일이 오거나, 내용을 채워야 하는 문서가 올 때 역시 어떤 언어를 골라야 할지 고민하게 된다. 8월에는 학교에서 진행하는 연구 발표를 듣고 감상을 써달라는 요청이 날아왔는데, 작성 양식이 일본어로 되어 있었다. 일본어로 적어 제출하는 게 담당 직원에게는 편하겠지만, 괜히 잘 구사하지도 못하는 일본어로 적어냈다가 "무슨 교수씩이나 된 사람이 글쓰기가 이래?" 같은 이야기가 나올까 봐 꺼려졌다. 영어로 쓰는 게 더 낫지 않을까 싶다가도, 우리 학교는 외국인 유학생 및 교직원이 많지 않은 사립대학교였기 때문에 영어로 쓰면 직원이 당황할 것 같았다. 일본어를 쓰면 내가 일본어 못하는 외국인이 되는 거 같고, 영어를 쓰면 상대가 불편해할 것 같고. 물론 내 이름을 보면 외국인이라는 걸 알 수 있으니까 사정을 감안해 주긴 하겠지만 아무리 그렇다 해도 일본어 못하는 외국인으로 인식되고 싶지는 않았다. 결국 수정에 수정을 거듭하면서도 일본어로 감상을 적어서 전송했다.

어떤 언어가 나를 지켜줄 수 있을까? 우리는 언어를 사용하며 정체성을 빚어가거나, 사회에서 다른 사람과 함께 살아간다. 권력관계 속에서 상대와 힘겨루기를 하거나 권력관계 자체를 부숴버리기도 한다. 새 언어를 배우고 쓴다는 건 이 모든 걸 해나간다는 의미이고, 다언어를 한다는 건 한층 더 복잡한 관계 속에서 줄타기를 해야 한다는 뜻이다. 영어, 한국어, 일본어를 어떤 맥락에서 어떻게 쓰는지에 따라 관계에서 내가 갖게 되는 위치가 달라진다. 평소라면 그리 신경 쓰지 않아도 되겠지만, 적어도 부당한 일이나 차별을 마주했을 때는 세 언어를 모두 써서 나를 지켜야겠다고 다짐한다. 내가 말하는 언어가 곧 내가 되는 건 아니지만, 적어도 내가 말하는 언어로 나를 빚어나갈 수는 있다.

언어, 문화, 정체성

학과 사무실에 가기 위해 복도를 걷고 있을 때였다. 마침 위층에서 내려오고 있던 남학생 무리 하나, 여학생 무리 하나와 사무실 앞에서 딱 마주쳤다. 얼굴을 보니 내 수업을 듣고 있는 학생들은 아니었다. 그냥 지나쳐 사무실로 들어가려고 했는데, 나를 보고 있던 남학생 무리 사이에서 이런 소리가 터져나왔다. "센세 카와이!(선생님 귀여워!)"

한 명이 말을 시작하자 무리에 있던 다른 학생들도 한두 마디씩 얹기 시작했다. 선생님 귀여워는 약과였고 my girlfriend(내 여자친구)라는 말까지 들렸다. 내가 방금 무슨 말을 들은 건지 머릿속에서 처리가 잘 안 되었다. 내 학생도 아닌데 어떻게 나를 알고 있는 건지도 알 수 없었고, 이렇게 많은 사람 앞에서 왜 내가 이런 말을 들어야 하는지도 알기 어려웠다. 뒤에 있던 여학생 무리는 '저래도 되나?' 하는 떨떠름한 표정을 띄우고 나와 남학생들을 번갈아 바라보고 있었다. 아마 내 표정이 안 좋았겠지만 마스크에 가려서 보이지는 않았을 것이다. 뭔가 바로 적절한 반응을 했어야 하는데, 상황 파악이 늦어져 반응 역시 늦었다. 그런 말을 하면 안 된다고 알려주었어야 했는데, 그러질 못했다. 아, 수련이 더 필요하네.

일본 대학교에 오고 나서부터 종종 '나는 누구인가?' 하는 질문에 직면했다. 얼굴에 '나는 교수다'라고 쓰여 있는 사람이라면 이런 일을 겪지 않아도 될 것이다. 그렇지만 나는 얼핏 봤을 때 일본인 대학생과 구분이 안 되었고, 한국 출신이면서도 한국어가 아닌 영어를 가르치고 있었다. 잊을 때쯤 되면 한번씩 "원어민도 아닌데 왜 외국 대학에서 영어를 가르쳐?"라는 질문을 받았다. 한국인이라고 한국어를 잘 가르치는 게 아니다. 한국인에게 '은/는'과 '이/가'의 차이점을 설명하라고 하면 아마 당황할 것이다. 마찬가지로 영어 원어민이라고 영어를 잘 가르치는 게 아닌데도, 나는 항상 그런 질문을 받았다. 직함을 보면 교수는 맞는데 교수로 보이지는 않고, 영어를 가르치고는 있는데 영어 원어민은 아니었다. 한번은 동료 연구자들과 나누는 일기에 이렇게 쓴 적이 있다. "제 주변 사람들이 거울을 들고 저를 비추는데, 그 거울에 비친 상이 서로 너무 달라서, 그 모습들 사이에서 저를 잃은 느낌"이라고.

거울 속에서 길을 잃은 느낌이긴 했지만, 뭐 어쩔 수 없었다. 나는 계속 내 길을 걸어가야 했고, 내가 할 수 있는 일을 해야 했다. 오히려 내 모습이 이렇게 다양하다면 이걸 이용해서 뭘 해볼 수도 있지 않을까 싶었다.

타고나는 정체성도 있지만, 자신이 만들어가는 정체성도 있다. 여성으로 태어난 건 내가 선택한 게 아니지만, 일본에서 영어를 가르치는 교수가 된 건 내가 스스로 만들어온 정체성이다. 이 학교에서 앞으로 어떤 정체성을 만들어갈지도 나에게 달려 있었다. 외모를 바꾸기는 상당히 어렵지만, 입고 다니는 옷, 언어 선택, 말투, 수업 스타일 등으로 만들어갈 수 있는 정체성도 있으니까.

예전에 미국에서도 권위 있는 교수의 모습을 따라하려고 했다가 처절히 실패한 적이 있다. 나한테는 어떻게 해도 어울리지 않는 옷이었던 셈이다. 대신에 세 나라에서 살아봤고, 세 나라의 언어를 쓸 수 있는 장점을 활용해 보기로 했다. 다행히 한국 문화가 일본에서 아주 유행하고 있었고, 한국 드라마 한두 개라도 보지 않은 학생을 찾아보기 어려울 정도였다. 한국에도 중고등학교 수업 혹은 애니메이션을 통해서 기초 일본어를 배운 사람이 많듯이, 일본 현지에서도 기초 한국어를 하는 학생은 어렵지 않게 찾아볼 수 있었다. 나는 일본에서 젊은 여자 한국인 영어 교사가 쓸 수 있는 자원을 모두 다 끌어다 쓰기로 마음먹었다.

"여러분 안녕하세요! 제가 일본 와서 되게 놀랐던 게 있는데요. 옷을 사러 가도, 여자친구들을 만나러 가도, 심지어 그냥 길에

서 번호를 따려고 하는 남자들도 저에게 다 '귀엽다(かわいい, 카와이이)'라고 하더라고요. 근데 제가 미국에 살다가 일본에 왔잖아요. 미국에서는 다 큰 성인 여자한테 cute라고 하는 경우가 거의 없거든요. 있다고 해도 'I like your dress. It looks so cute'처럼, 사람에게 직접 귀엽다고 하는 게 아니라 입고 있는 옷, 액세서리 같은 걸 칭찬해요. 한국 드라마 많이 보는 분들 있나요? 한국에서는 예쁘다는 말은 많이 쓰지만, 귀엽다는 표현은 별로 안 쓰는 거 같아요. 성인이 아니거나, 성인이라도 20대 초반이면 그럴 수 있다고 생각하지만 저처럼 다 큰 사람한테 귀엽다고는 잘 하지 않고, 해도 별로 좋아하지 않는 것 같아요. 정말 친한 사이가 아닌 이상에야 '내가 어린애처럼 보이나?'라고 받아들이는 것 같습니다. 여러분, 이처럼 일본어의 귀엽다는 영어의 cute와 의미가 같지 않습니다. 한국어의 귀엽다와도 같지 않아요. 여러분이 머릿속에 생각하고 있는 관념을 새로운 언어로 표현하기 위해서는 단어를 신중하게 골라야 해요.

여러분, 일본어로는 '알약을 마신다'라고 하죠. 한국어로는 '알약을 먹는다'라고 합니다. 그러면 영어로는 어떻게 말할까요? 네, 'take a pill'이라고 합니다. 언어마다 같은 동작을 다르게 표현해요. '약'이란 단어를 안다 해도, '약'과 함께 쓰는 단어를 모른다면 사용하기가 어려워지죠. 하나 더 예를 들어볼게요. 여러분, 일

본어로 셔츠는 '입다(着る)', 바지는요? 네, '입다(穿く)'. 양말도 똑같죠, '입다(穿く)'로 씁니다. 모자는요? 네, '쓰다(被る)'. 선크림은요? '바르다(塗る)'. 네, 다 다르죠. 또 일본어는 상의와 하의를 구분하지만, 한국어는 상의도 하의도 '입다'라는 표현을 씁니다. 하지만 한국어에서 양말은 '입다'가 아니라 '신다'라고 해요. 저는 일본어를 처음 배울 때 '상의와 하의를 왜 구분해서 다른 동사를 쓰지?' 했는데, 반대로 한국어를 배우는 일본인들은 왜 양말에만 다른 동사를 쓰는지 헷갈릴 거 같더라고요. 자 이번에는 영어로 해볼게요. 셔츠는요? wear, 바지는요? 네 바지도 wear, 모자도, 양말도, 네 심지어 선크림도 wear입니다. 일단 몸에 붙이는 건 거의 다 wear를 써요. 귀걸이도 목걸이도 다 wear입니다.

이렇게 짝으로 묶여서 함께 쓰이는 단어를 '연어(collocation)'라고 부릅니다. 여러분은 지금까지 단어를 외울 때 단어장 왼쪽에는 영단어, 오른쪽에는 일본어 단어를 짝지어 써놓고 의미를 가려가면서 열심히 외우셨죠? 그건 고등학교 졸업할 때 같이 졸업하는 거예요. 대학교부터는 영어를 직접 써서 자신이 원하는 메시지를 전달하는 연습을 합시다. 단어는 항상 짝지어 다닙니다. 그 짝을 찾으려면 이런 연어를 찾아주는 온라인 도구를 사용하면 편해요. 제 수업이 끝나도 아마 앞으로 계속 영어 수업을 들을 텐데, 그때도 꼭 써보세요."

영어 비원어민이어야 가질 수 있는 경험이 있고, 한국어 사용자여야 알 수 있는 지식이 있고, 언어 학습자여야 공감할 수 있는 감정이 있다. 내가 직접 비원어민으로서 영어를 몸으로 부딪히며 써보지 않았더라면, 언어를 이용해서 덩어리로 표현을 외우는 게 왜 중요한지 이해하지 못했을 것이다. pill(알약)이라는 단어는 당연히 take와 함께 쓰는 거라고 생각했을 테니까. 내가 한국어 사용자가 아니었다면, 영어 외의 다른 언어를 예로 들어서 언어 간의 차이에 대해 폭넓게 설명할 수 없었을 것이다. 또 내가 언어 학습자가 아니었다면 학생들이 새로운 언어를 쓰려 할 때 답답해하는 감정에 잘 공감하지 못했을 것이다.

그냥 지나가는 학생들이 보기에 나는 이 센터에 있는 가장 젊은 교사, 본인 취향의 외모를 가진 한국인으로만 보였을지도 모른다. 그 학생들이 갖고 있던 거울에는 나의 겉모습만 비춰졌을지도. 하지만 내 안에는 언어와 문화의 경계를 넘어다니며 얻은 경험과 지식, 감정이 켜켜이 쌓여 있고, 그걸 십분 활용해 수업을 꾸려가려고 최선을 다하고 있다. 언젠가는 학생들의 거울에도 내 모습이 좀 더 입체적으로 비춰질 수 있겠지. 그리고 내 거울에도 삶과 감정이 켜켜이 쌓인 총체적인 인간으로서 학생들의 모습이 비춰질 수 있겠지.

내 영어가 굴레이자 해방이 될 때

"나에게 영어는 ＿＿＿입니다. 왜냐하면 ＿＿＿이기 때문입니다."

새 학기를 시작할 때나 마무리할 때, 종종 학생들에게 이 문장이 적힌 학습지를 나눠주고 그림, 언어, 스티커, 음악 등 다양한 방식으로 표현해 보라고 한다. 담당하는 과목에 따라 '영어'가 아니라 '영어 글쓰기' 혹은 '영어 문법'이 될 때도 있지만, 기본적인 틀은 같다. 학생들은 창의적으로 답해주었다. "영어 문법은 혼잡한 교통 상황에서 지켜야 하는 규칙입니다. 왜냐하면 문법은 머릿속에서 막 튀어나가려고 하는 단어들을 질서정연하게 정리해주기 때문입니다." "영어 문법은 악수입니다. 내가 아는 단어와 상대가 아는 단어가 문법이라는 규칙을 통해 손을 잡게 되고, 그로 인해 커뮤니케이션이 일어나기 때문입니다." 혹은 스티커를 붙이거나 직접 그림을 그려서 표현하는 학생도 있었다.

그렇다면 한국인에게 영어는 과연 무엇일까? 지금까지 나와 다른 사람의 경험을 엮어봤을 때, '굴레'와 '해방'의 의미가 동전의

166

양면처럼 공존하고 있는 듯했다.

　영어가 나를 속박하는 굴레처럼 느껴질 때가 있다. 초등학교, 중학교, 고등학교 시절 내내 영어는 성적의 큰 비중을 차지한다. 실생활에서 영어를 실제 언어로 써볼 기회가 별로 없다 보니, 언어보다는 점수를 따내야 하는 시험 과목으로 영어를 인식하기 쉽다. 교사가 영어를 재미있게 실생활 안에서 가르치고 싶다고 해도, 시험의 중요성이 너무 높고 교사 한 명당 학생 수가 너무 많기 때문에 쉽사리 다른 시도를 하기가 어렵다. 반복적으로 단어를 외우고 문법 시험을 보다 보면 왜 이걸 공부하고 있는지조차 잊어버리고, 당장 눈앞에 있는 목표만 쫓아가게 된다.

　처음 대학교에 입학했을 때 나는 다른 사람에 비해 한참 뒤쳐져 있는 것 같았다. 소위 말하는 '살다 온' 동기와 선후배에 비해 나는 영어를 거의 못 하는 수준이었고, 격차를 따라잡는 건 절대 불가능할 것 같았다. 게다가 고등학교를 다니지 않고 대학교에 입학했던 터라 수업을 쫓아가는 것도 너무 벅찼다. 1학년 때부터 도서관에 박혀서 교과서를 읽어보려고 애썼는데도 제대로 되지 않았다. 수업 시간에 발표하는 언니 오빠들은 어쩜 그리 유창하게 말하는지. 영어는 '그들'과 '나'를 가로지르는 벽 같았고, '살다 온' 사람들과 그렇지 않은 나의 계층은 굳건히 나뉜 것 같았다. 막연히 해외를 돌아다니는 직업을 동경했는데, 그건 십 대 때 해외에 나가서 살아볼 기회가 있었던 축복받은 아이들이나 할 수 있는 거 아닐까 싶었다.

그 밖에도 영어가 발목을 잡는 경우는 수도 없이 많았다. 주변 사람들과 대화하다 보면 영어와의 애증에 관한 이야기가 튀어나오곤 했다. 대기업에 입사할 때 서류 절차를 통과한 이후 영어로 면접을 봤다든지, 학교에서 영어 수업을 일정 학점 이상 들어야 졸업을 시켜준다든지, 공인 영어 시험에서 원하는 점수가 나오지 않아 고생을 했다든지, 유학 와서 영어 수업에 들어갔는데 묵언수행을 하며 2년을 보냈다든지, 갑자기 영어로 발표를 해야 했는데 질의응답할 때 이 나이 먹고 울 뻔했다든지. 영어는 중요한 순간마다 우리의 발목을 걸어 넘어뜨리곤 했다.

동시에 영어는 해방이 되기도 한다. 영어 실력과는 크게 관계없이, 어느 정도 자신이 생각하고 있는 걸 말로 표현하고 타인과 교류할 수 있는 정도만 되어도, 지금까지 얽매여 있던 한국의 문화와 관계에서 한 발짝 벗어나 다른 세계를 만들어갈 수 있다. 영어는 모국어로 쓰는 사람보다 제2언어로 쓰는 사람이 훨씬 더 많은 언어다. 한국어나 일본어 같은 언어는 모국어로 쓰는 사람이 많고 특정 지역에 국한되어 사용되니 아무래도 그 사회의 문화나 습속을 따르게 되지만, 영어는 주로 사용되는 문화나 지역이 정해져 있지 않다. 그러다 보니 어느 특정 문화에 100퍼센트 맞출 필요 없이, 상황과 맥락에 맞게 적절히 대화를 이어나가면 된다. 우리가 중국인을 만나도, 스리랑카인을 만나도, 브라질인을 만나도 일단 영어로 이야기를 시작하듯이. 영어로 소통한다면 어느 문화에도 속하지 않는, 제3공간(third space)에서 새로운 관계를 만들어나갈 수 있다.

대학교를 졸업할 때쯤 취업에도 관심이 있어서 이것저것 알아보던 중에 외국계 기업에 대한 이야기도 들었다. 물론 모든 외국계 기업이 그런 건 아니겠지만, 보통은 기업 문화가 수평적이고 여성이 일하기 좋다고 했다. 그때는 그러려니 했는데, 지금 외국계 기업에 다니는 친구들의 이야기를 들어보니 사실이었다. 영어로 세계 각지의 사람들과 회의하는 것 정도는 기본에, 업무 메신저와 이메일도 영어로 쓴다고 했다. 사수도 한국인이 아닌 경우가 종종 있었고, 직급 체계도 임원이 아니면 딱히 정해져 있지 않다고. 지리적으로 일하고 있는 곳은 한국이지만, 사실상 세계 어느 나라에도 완전히 속하지 않은 새로운 문화 속에서 일하는 셈이다. 영어를 매개로 한 의사소통은 같은 문화를 공유하지 않는 사람들 사이에서 일어나는 경우가 많으니, 어느 한 문화를 따를 필요 없이 그저 상황에 맞는 문화를 만들어가면 되는 것이었다. 적어도 한 나라의 문화에 완전히 얽혀 있는 게 답답한 사람들이라면, 영어가 해방감을 줄 수 있을 것이다.

미국을 떠나 일본의 학교에 오기로 결정했을 때, 선배 교수님께서 이모티콘이 가득한 이메일을 보내서 환영 인사를 해주신 적이 있다. ^^ 또는 :)처럼 자주 보는 이모티콘이 아니라, 어떻게 타이핑했는지도 모를 ˚ε·⌣·ɜˋ 같은 이모티콘으로 인사를 해주셔서 문화 충격을 받았다. 분명히 선배 교수님이면 중학생도 아닐 텐데 어떻게 저런 이모티콘을 쓰지? 내가 초등학교 중학교에 다니던 시절 통신외계어가 유행할 때도 저런 이모티콘은 한 번도 못 본 것 같은데? 저런 이모티콘은 입력하는 것 자체도 어려울 텐데, 어떻게 처음 보는 사람에게 저런 걸 써서 인사를 하는 거지?

일본으로 날아와 보니 나와 열두 살 이상 차이가 나는 선생님이셨다. 그런데도 나를 만나자마자 밥을 사주시며 "나이는 내가 위일지도 모르지만 정신연령은 똑같을 테니 잘 지내요~"라고 말씀하셨고 나에게 두 번째 문화 충격을 안겼다. 정도는 달랐지만, 다른 선생님들도 모두 친근하게 대해주셔서 몸 둘 바를 모를 정도였다. "겨우 한국 가까이 왔는데 엄마 못 보네! 내가 도쿄 엄마 해줄게요!"라고 말한 선생님도 계셨고, 자취방에 처음 들어가면 조명이 없을 거라며 직접 의자를 들고 오셔서 아무것도 없는 휑한 내 방에 조명을 달아주고 가신 선생님도 계셨다. 문화 충격의 연속이었다. 일본은 선후배 문화가 우리나라보다 훨씬 더 경직되어 있다고 들었는데. 그래서 첫 출근을 하자마자 90도로 폴더 인사를 할 생각이었는데.

우리가 대화하고 있는 공간은 일본에도 한국에도 완전히 속하지 않은 제3공간이었다. 아마 일본인 선생님들끼리는 일본의 선후배 문화를 계속 지켜나갈지도 모르지만, 비일본인 선생님이 한 명이라도 끼는 순간, 다시 제3공간이 만들어졌다. 비록 우리가 대화하고 있는 장소는 일본이지만, 일본의 문화에 모두가 맞춰야 할 이유는 없었다. 서로 아주 다른 문화에서 왔고, 이 센터에 맞는 문화를 우리끼리 만들어가면 그만이었다. 나는 여전히 선배 교수님들께 팔을 흔들며 인사하고, 특히 여자 선생님들께는 코로나 인사법이라며 2미터 밖에서 포옹하는 제스처를 보내면서 인사한다. 그래도 되었다. 여기는 제3공간이니까.

영어는 우리를 어떤 문화에도 속하지 않는 공간으로 데려다줄 수 있다. 영어는 우리의 손발을 묶어놓을지도 모르지만, 동시에 한 국가에 얽힌 문화나 관계에서 해방시켜주기도 한다.

지속 가능한 영어 공부

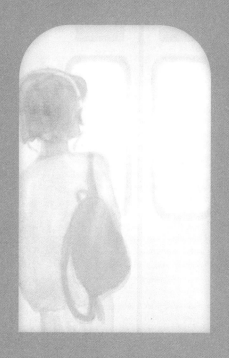

삶을 언어 공부의 재료로 삼기

길거리를 나가도, 웹 사이트에 들어가도, 스마트폰을 봐도, 어디를 가든지 "최고의 영어 학습법" "3개월 만에 원어민처럼!" "스파르타 영어 회화" 같은 광고 문구를 보게 된다. 식상한 문구로 사람들의 눈을 끌기가 어렵기 때문인지 유명인을 광고 모델로 기용하거나 자극적인 표현을 쓰기도 한다. 영어 왕초보를 탈출해야 한다고 반복해서 말하거나, 영어 울렁증을 자식 세대에 대물림해서는 안 된다는 등의 열등감을 자극하는 문구도 쉽게 볼 수 있다.

그렇지만 인생 모든 일이 그렇듯이, 스파르타식 3개월 훈련으로 완벽해질 수는 없다. 만약 그렇게 영어 원어민이 될 수 있다면 지금쯤 우리나라는 미국보다 영어를 더 잘하는 나라가 되었을 것이다. 우리나라 사람들이 '빡세게' 노력하여 무언가를 성취하는 건 타의 추종을 불허하니까. 하지만 그렇지 않은 걸 보면, 아마 광고를 낸 회사의 프로그램이 그리 성공적이지는 않았나 보다. 하물며 한국에서 태어나고 자란 한국인도 초등학교 1학년부터 고등학교 3학년까지 12년 동안 국어 과목을 배우면서 한국어 실력을 쌓아가는데, 외국어를 단기간에 완벽히 습득할 수 있는 방법이 있을 리 없다. 단기간에 쌓은 건 단기간에 흩어져 버린다.

어떤 교재가 좋은지, 어떤 화상 영어 상품이 좋은지, 어떤 학원이 잘 가르치는지 수소문하기 전에 한 가지 생각해야 할 게 있다. 자신의 학습 목적이 뭔지, 왜 외국어를 배우고 싶은지, 시간, 에너지, 자원을 얼마나 쓸 수 있는지, 무엇을 잘하고 무엇을 못하는지 등 자신에 대한 질문을 먼저 해보아야 한다. 아무리 좋은 신발을 산다고 해도 내 발에 맞지 않으면 말짱 도루묵이듯이, 아무리 좋은 외국어 학습 자료를 구매한다 해도 내게 맞지 않으면 아무런 의미가 없다. 자신을 아는 것이 먼저다.

외국어 학습의 재료는 여기저기에 널려 있다. 중요한 건 재료를 내 목적과 삶에 맞게 녹여서 내게 필요한 자료로 만드는 일이다. 요즘 같은 세상에 그 재료가 꼭 책일 필요도 없고, 학습자를 위해 말랑말랑하게 가공되어 나온 콘텐츠가 아니어도 괜찮다. 팟캐스트, 유튜브, 영화, 소셜 미디어, 해외 온라인 커뮤니티, 기사, 라디오 등 재료는 무궁무진하다. 재료의 가격이나 종류보다는, 내 삶에 이 재료를 얼마나 녹여낼 수 있는지가 훨씬 더 중요하다.

미국에 있을 때 라디오 방송국 NPR의 〈All things considered〉

라는 프로그램을 자주 들었다. 특별한 이유가 있던 건 아니고, 당시 구형 중고차를 탔던 터라 유선으로만 음악을 들을 수 있기 때문이었다. 라디오는 시동만 걸면 자동으로 흘러나오니까 버튼을 누르거나 무언가를 연결할 필요가 없어서 자주 듣게 되었다. 운전하는 동안 라디오 진행자의 말을 듣고 바로 따라하는 쉐도잉 (shadowing, 제2언어로 된 영상 혹은 음성을 듣고 바로 따라해 보는 학습 방법)을 자주 했다. 미국에 있었다고 해도 박사과정 3년차 이후부터는 수업도 없고 혼자서 논문을 쓰는 게 전부였기 때문에 말하기를 주기적으로 연습하지 않으면 입이 굳어버릴 것 같았다. 혼자 운전하고 있으면 잠이 오기도 하니까 아무 말이나 떠들어보자 싶어 쉐도잉을 시작했던 것이다.

평소 내가 말을 할 때 잘 쓰지 않는 표현을 입으로 말해보는 게 표현의 가짓수를 늘리는 데 도움이 되었다. 눈으로 볼 때와 입으로 말할 때가 다르듯, 말하기 표현을 수집할 때는 직접 말로 따라해 보는 게 도움이 되었다. 당시 듣던 프로그램은 시사 위주이긴 했지만, 게스트를 불러서 인터뷰를 하기도 하고 복잡한 사안을 상세히 풀어내 소개하는 코너도 있어서 격식 있으면서도 너무 딱딱하지는 않은 표현을 많이 익힐 수 있었다. 무슨 뜻인지 알고는 있지만 내가 직접 써본 적은 없는 표현들, 예를 들어 mull over(숙고하다), as a corollary to(~의 결과로서) 같은 표현을 직접 입으로 말해보고 나니, 수업에서 토론을 이끌어야 할 때도 쉽게 써먹을 수 있었다. 영어로 말하는 날이 많지는 않았지만, 운전할 때만이라도 꾸준히 입을 풀어준 게 꽤나 도움이 되었다.

일본에 온 후에는 토요일에도 수업을 해야 하는 경우가 많았고, 일요일에는 일주일의 수업 준비를 해야 하는 터라 시간을 따로 빼서 일본어 공부를 하는 건 불가능했다. 학원에 등록해 볼까 싶었지만 시간을 따로 내서 멀리 가서 수업을 들을 수는 없었고, 대신 집 바로 앞에서 자원 봉사 선생님들이 주 1회 여는 수업에 간신히 참여할 수 있었다. 나를 담당해 주신 선생님께서 어느 날, 내 수준에 맞을 것 같다며 초등학생용 신문을 도서관에서 복사해 오셨다. 초등학생용 신문이라 모든 한자에 발음이 적혀 있었고, 내용도 간단해서 더듬거리면서도 전부 읽을 수 있었다. 내친 김에 신문을 구독해 버렸다. 매일 아침 우편함에서 신문을 꺼내 전철을 타는 20분 동안 훑어보았다. 구독을 시작했을 때는 거의 읽을 수가 없어서 좌절했는데, 시간이 갈수록 읽는 속도가 붙었다.

일본어를 거의 못하는 채로 일본에서 살다 보니 아무래도 불편해서, 수업 시간표의 빈 시간에 화상 일본어를 신청했다. 주 3회, 하루 30분씩이었다. 처음 몇 달은 좋게 말하면 질문 폭격기, 나쁘게 말하면 물음표 살인마가 되었다. "선생님 제가 토요일에 카페에 갔는데요 스콘을 다 못 먹어서 싸오고 싶더라고요. 그럴 때는 뭐라고 말하면 돼요? 선생님 제가 일요일에 엘리베이터를 탔는데 버튼이 망가져서 점원에게 알려주고 싶었는데 '누르다'를 몰라서 '엘리베이터를 탔는데 버튼이! 버튼이! 계단 써서 올라왔어요!' 라고 말하고 와버렸어요! 이럴 땐 어떻게 말하면 될까요! 선생님 제가 오늘 어디서 농담을 들었는데 올해는 산타가 오려면 14일 동안 자가 격리 해야 돼서 24일에 못 오고 1월에 온대요! 자가 격리는 일본어로 어떻게 말해요? 발레 공개 수업에 가보고 싶은데 전화로만 문의해야 된다고 하더라고요 무서워서 그런데 선생님 좀 도와주세요! 미용실에 가야 되는데 제대로 말 못 하고 그냥 네네 하다가 머리에 폭탄 맞을까 봐 무서워서 준비해 가고 싶어요!" 매 수업이 이런 식으로 흘러갔다. 생활에 당장 필요한 일본어를 물어봤고, 수업이 끝나면 바로 써먹었다.

영어 쉐도잉도 일본어 공부도 따로 시간을 내서 하자고 생각했으면 분명히 며칠을 못 버티고 그만두었을 거다. 운전할 때는 어차피 잠 깨려고 트와이스 춤을 추고는 했는데, 그것보다야 쉐도잉을 하는 게 잠 깨는 데 더 좋을 거라고 생각했던 덕분에 오래할 수 있었다. 일본어도 무거운 책을 들고 다니면서 공부하거나 스마트폰으로 공부했으면 바로 실패했을 거다. 나는 무거운 건 질색이고, 스마트폰으로 일본어 공부 사이트를 열려고 하다가 아마 옆길로 새서 고양이 사진을 보며 낄낄 웃고 있었을 테니까. 매일 아침 우편함에 꽂혀 있는 신문을 들고, 전철 안에서 훑어보고, 시간이 있으면 새로운 단어나 표현을 정리해서 수첩에 적어두는 것만으로도 읽기에 꽤 속도가 붙었다. 화상 일본어 역시 비는 시간 30분을 이용한 덕에 생활에 필요한 말들을 크게 힘들이지 않고 할 수 있게 되었다.

본업이 있는 직장인이나 학생은 외국어 공부를 위해 따로 낼 수 있는 시간과 에너지가 많지 않다. '시간을 내서 외국어를 이만큼 공부해야지!' 같은 결심을 하면 작심삼일도 어렵다. 외국어를 삶에 자연스럽게 녹이는 편이 더 도움이 된다. 삶에 외국어를 녹이려면, 일단 내 삶이 어떤지부터 알아야 한다. 외국어를 배워서 뭘 하고 싶은지, 무엇에 흥미가 있는지, 얼만큼의 시간과 노력을 들일 수 있는지. 이 세 가지 질문의 답에 맞게 학습 재료를 고르고, 딱히 대단한 에너지나 결심 없이도 일상생활에서 자연스레 실천할 수 있을 만큼의 계획을 짜보면 된다. 출근하는 차에서 영어 노래를 불러도 좋고, 점심시간에 비즈니스 화상 영어를 해도 좋고, 영어 오픈 카톡방에 들어가 봐도 좋고, Meetup 웹 사이트(온라인 행사를 찾을 수 있는 플랫폼. 외국인들도 많이 참여함)를 통해 외국인과 함께하는 동호회를 찾아서 참가해도 좋다. 운동도 처음 헬스장에 가는 게 어렵지, 일단 가면 어떻게든 하는 것처럼, 외국어도 처음 시작하는 건 어렵지만 일단 연습하는 습관이 삶에 녹아든 이후로는 쉽게 이어갈 수 있다.

한국에서 잠깐 영어를 가르칠 때, 학생들에게 좋아하는 학습 재료를 가지고 와달라고 부탁했다. 유튜브 클립, 영화, 드라마, 프리젠테이션, 강연, 이력서, 비즈니스 문서, 뉴스 기사, 팟캐스트, 레시피 등 무엇이든 좋고, 한국어로 된 것도 관계없으니 자신의 삶에 필요한 재료를 가지고 와달라고. 취업이 급한 사람은 이력서나 영어 면접 질문을, 취미 생활을 영어로 하고 싶은 사람은 레시피나 유튜브 영상을, 영화를 좋아하는 사람은 영화의 하이라이트 장면을 가지고 왔다. 내가 했던 일은 이 재료 안에서 학생들에게 필요한 표현을 정리해 주고, 이것들을 학생들의 삶과 엮어서 확장시키는 거였다.

예를 들어 영어로 된 요리 레시피를 보면, 일반적인 책이나 토익 교재에는 거의 나오지 않는 표현, knead(반죽하다), a pinch of salt(소금을 엄지와 검지로 한 번 집은 양. 인터넷에서 쓰는 말로는 소금 한 꼬집), mince(다지다), boil until tender(부드러워질 때까지 끓여라) 같은 말이 아주 흔하게 나온다. 이런 표현들을 정리해 보고, 정리한 표현을 사용해 직접 자신의 비법 레시피를 써보고, 말로 소개해 보고, 다른 학생들과 함께 질의응답을 해보는 식으로 수업을 진행했다. 수업은 그렇게 끝났지만, 수업을 녹음해서 지하철 안에서 계속 듣고 입으로 연습을 하는 사람도 있었고, 집에 간 후 비슷한 학습 재료를 또다시 찾아보고 자료로 만드는 사람도 있었다. 학생들이 직접 가져온 재료를 가지고 수업한 덕분이었다. 만약 흥미가 없는 내용이었다면 수업 시간이 끝나자마자 바로 머릿속에서 배운 내용을 지워버렸을 테니까.

학습의 재료는 어디든지 널려 있다. 중요한 건 재료를 내 삶에 녹여서 자료로 만드는 일이다.

아무 말 대잔치로 만드는 수업

사범대학 재학생은 4학년이 되는 해의 4월 또는 5월에 교육 실습을 나간다. 사범대를 다시 입학하지 않는 한, 일생에 한 번뿐인 기회다. 모든 학생이 이 순간을 설레는 마음으로 기다리고, 4학년 과목을 담당하는 교수님들은 주의할 점을 거듭 이야기한다. 어느 날은 학교 복도를 걸어가다가 만난 학과 교수님께 "교수님 저 이번에 교육 실습 나갑니다"라고 이야기했는데, 교수님께서는 아주 심각한 표정을 지으시며 말씀하셨다. "이번에 교육 실습 나간다고요? 친구 같은 선생님, 언니 같은 선생님은 절대 생각도 하지 말고 성인으로서 어른스럽게 행동하세요."

　다른 교수님의 수업에 갔더니 "미소 학생, 그렇게 입고 교육 실습 나갈 거 아니죠? 청바지, 티셔츠 절대 입지 마세요. 학교에 가면 캐주얼 차림인 선생님이 계실지도 모르지만, 그분은 선생님이고 여러분은 교육 실습생입니다. 항상 정장 차림으로 다니세요"라고 하셨다. 학과 교수님들께서 거듭 당부한 대로 매일 칼 같은 각이 잡힌 정장을 입고 출퇴근했다. 그런데 아무래도 엄마 옷을 빼앗아 입고 온 중학생이 된 것마냥 어색했다. 아무리 어른스러운 옷을 입었다 해도 내가 풍기는 분위기 자체가 중학생과 별로 다르지 않은 것 같았다.

시간이 좀 지난 후, 미국에 와서 처음으로 내 수업을 맡아 이끌어보게 되었다. 당시에는 학생도 나도 신입생이었으니, "우리 모두 처음이니 서로 도와가면서 한 학기 잘 꾸려가 봐요" 같은 태도를 지켰다. 내가 실수한 건 바로 사과했고, 잘못된 게 있다면 다음 시간에 바로 시정했다. 그런데 두 번째 학기엔 근거 없는 자신감이 붙어버려서 교사답게 행동해야 한다고 생각했고, 학생들과 선을 긋고 "나는 선생이고 너는 학생이야" 같은 태도로 수업을 했다. 당연히 결과는 대실패였다.

두 번째 학기를 끝내고 나서 여름방학 동안 제3언어 수업을 들을 기회가 있었다. 프랑스어2와 3을 연달아 수강했는데, 프랑스어2 수업에서는 박사과정 동안 들었던 모든 수업 중 가장 낮은 성적을 받을 만큼 고전했다. 엄격한 기준을 따라야 했고, 문장을 제대로 말하지 못했을 때 "나는 네가 무슨 말 하는지 못 알아듣겠어" 같은 말을 듣기도 했다. 아무리 열심히 해도 강사의 기준을 쫓아갈 수가 없었다. 나만 이렇게 힘든가 했는데, 수업을 같이 듣고 있던 친구가 이야기했다. "경력이 짧은 강사는 학생이랑 자신을 구분하려고 일부러 엄격한 기준을 세워서 학생한테 따라오라고 해. 아직 미숙한 걸 들키고 싶지 않은 거지." 내 수업이 떠올라서 속으로 뜨끔했다. 나도 그랬겠구나. 학생이랑 나를 구분하겠답시고 너무 높은 기준을 세우고 일방적으로 학생들에게 따라오라고 강요했구나. 그래서 대실패했구나.

프랑스어3 수업으로 넘어온 후, 내용은 더 어려워졌지만 오히려 더 수월하게 수업을 들을 수 있었다. 교과서는 적당히 필요한 부분만 짚고 넘어간 후, 자신이 하고 싶던 말을 만들어보거나 자신의 생각을 말할 수 있는 시간이 많았다. 옆자리에 앉은 친구와 프랑스어로 말도 안 되는 말을 계속 만들어보기도 하고 영어로 이미 한 번 봤던 영화를 프랑스어로 다시 보면서 깔깔 웃기도 했다. 학기말 말하기 시험 때는 무척 긴장했었는데, 오히려 친구와 함께 선생님을 상대로 푸코 및 지젝에 대해 말하며 즐겁게 철학적 토론을 하고 나오기도 했다. 우리가 말하기 시험을 치는 도중이었다는 건 까맣게 잊은 채였다. 시험을 마치고 나오는 길엔 선생님 두 분께서 "앞으로 무엇이든 프랑스어와 관련해서 내가 도울 수 있는 게 있다면 언제든 이메일 보내세요!"라고 말하며 우리를 배웅해 주셨다.

그 이후 내가 다시 수업을 맡게 되었을 때는 "나는 교사고 너는 학생이야" 같은 태도를 완전히 버리게 되었다. 사람마다 맞는 옷이 있는 법이었다. 칼 같이 정돈된 정장을 입으면 맵시 있어 보이는 사람이 있고, 다른 사람 옷을 빼앗아서 입고 나온 것처럼 보이는 사람도 있다. 스프레이를 뿌려서 단정하게 정리한 머리가 어울리는 사람도 있고, 자유로운 히피 머리가 어울리는 사람도 있다. 학생을 가르치는 일도 그랬다. 딱딱하고 권위 넘치는 교사의 옷은 어떻게 해도 나한테 어울리지 않았다. 남의 옷을 훔쳐 입고 온 것처럼 어색하고 불편했다. 나를 보는 학생들에게도 그 거북함은 그대로 전해졌으리라.

한국 중학교에서 교육 실습을 할 때는 친구나 언니 같은 선생님이 적절하지 않았을지 몰라도, 미국 대학교에서 가르칠 때는 동네 옆집 언니 같은 선생님이 되어도 괜찮았다. 옆집 언니 스타일로 학생들과 둘러앉아서 아무 말 대잔치를 하며 수업을 이어갔다. 예를 들면 이런 식이었다. "여러분, 계란후라이에는 뭐죠? 소금 후추 케첩 간장? 네 방금 뭐라고 했어요? 핫소스라고요? 오케이 그것도 좋죠. 근데 뭐? 된장이요? 아뇨 아무리 제가 한국인이라도 그건 아니죠. 음식에 어울리는 조미료가 있는 것처럼 단어도 함께 어울리는 아이들이 있어요. 우린 그걸 연어라고 부릅니다. get이 계란후라이라면 조미료는 on, out, back, in 등등이 될 수 있겠네요. get on, get out, get back, get in 모두 다 잘 쓰이는 표현이죠. 그런데 아무리 같은 전치사라도 get vis-a-vis라고는 잘 안 쓰겠네요. 그게 계란후라이에 된장 같은 느낌이에요."

　　일본에 오고 난 후에도 수업 시간의 아무 말 대잔치는 계속 되었다. "여러분 제가 소개팅을 했는데요, 남자분이 저보고 햄버거 먹자고 그러더라고요. 그런데 여러분 맥도날드 햄버거야 작으니까 한입에 다 들어가지만, 햄버거 전문점에서 파는 수제버거는 보통 엄청 크잖아요. 처음 만나는 남자랑 입 쩍쩍 벌려가면서 햄버거 먹는 거 좀 그렇지 않나요? 분명히 안에 있는 재료가 다 흘러버릴 텐데요. 처음 만난 남자랑 그럴 수 있어요? 아뇨 역시 무리! 그렇다면 여러분 햄버거가 안 새게 하려면 어떻게 해야 하죠? 네, 위의 빵과 아래의 빵이 재료를 딱 감싸야 해요. 영어 문단도 똑같습니다. 가장 위의 문장과 가장 아래의 문장이 딱 맞게 내용을 감싸고 있어야 해요. 이때 위의 문장을 주제 문장(topic sentence)이라고 부릅니다. 아래 문장 역시 내용을 딱 감싸줘야겠죠. 이 문장을 마무리 문장(concluding sentence)라고 부릅니다. 그래서 계속 만났냐고요? 아뇨, 아무 일도 없었습니다."

　　제일 앞에 서 있는 사람이 아무 말 대잔치를 하고 있으니 학생들도 자연스럽게 아무 말이나 던지고 아무 글이나 쓰기 시작했다. 오프라인과 온라인에서 모두 왁자지껄 부산스럽게 무언가를 말하고 썼다. 그렇게 아무 말을 써오면 옆 사람들과 돌려보고, 그때서야 아무 말을 조금씩 정제된 말로 학생들과 함께 바꾸어나갔다.

제2언어를 배울 때, 특히 말하기나 쓰기를 연습할 때는 아무 말 대잔치를 하는 게 중요하다. 말은 생각을 그대로 끄집어낸 결과가 아니다. 생각은 총체적인 반면 말은 순차적이다. 머릿속에 떠오르는 생각을 말로 표현하려면, 적절한 단어를 골라낸 후 문법이라는 그릇에 담아 순서대로 차려내야 한다. 아빠와 딸이 함께 공원을 걸어가고 있는 이미지가 머릿속에 있다고 생각해 보자. 같은 상황이라도 어디에 초점을 맞추느냐에 따라 "A girl is walking with her dad(여자애가 아빠랑 같이 걷고 있어)"라고 이야기할 수도 있고, "He is taking a walk with his daughter(아빠가 딸과 함께 산책하고 있어)"라고 말할 수도 있다. 혹은 내 의견을 담아서 "It seems like they are having a quality time in the park(저 둘은 공원에서 소중한 시간을 보내고 있는 거 같아)"라고 이야기할 수도 있다. 머릿속에 떠오른 이미지를 말로 바꾸려면 사진을 찍을 때 카메라의 초점을 맞추듯 어디에 초점을 맞출지를 먼저 결정하고, 어울리는 단어 그릇을 골라 생각 조각을 담고, 문법이라는 규칙에 맞게 단어를 배치하여 차려내야 한다. 총체적인 생각을 순차적인 말로 풀어내려면 이 과정이 반드시 필요하다.

말은 단순히 생각을 나타내는 도구가 아니다. 비고츠키는 "생각은 말로 변형되어 가면서 재구성된다. 생각은 낱말로 표현되는 게 아니라 완성된다"라고 말했다(Vygotsky, 1987, p. 251). 생각은 말 속에서 비로소 완성된다는 의미다. 누구나 글을 쓸 때 처음 잡았던 개요와는 아주 다른 글을 써본 경험이 있을 것이다. 생각을 글로 풀어내다 보면 생각이 글에 영향을 받아서 바뀌기도 하고, 그 반대가 되기도 한다. 말하기도 마찬가지다. 말을 하다가 문득 자신도 몰랐던 사실을 깨닫게 되거나 생각이 정리되는 경험을 누구나 해보았을 것이다. 가령 다른 사람에게 문제를 푸는 방법을 설명해 주다가 문제를 푸는 데 필요한 개념을 더 잘 이해하게 될 때가 있다. 내 머릿속에 어렴풋이 개념이 존재하긴 했지만, 말로 개념을 하나하나 풀어내다 보니 생각이 한층 더 정리되었기 때문이다. 이처럼 생각은 말을 통해서 완성된다.

제2언어를 배울 때 아무 말 대잔치를 해야 하는 이유는 생각을 제2언어로 완성하는 연습을 하기 위해서다. 초심자 시기에는 쉐도잉처럼 남의 말을 반복해서 따라하는 것도 도움이 된다. 쓸 수 있는 단어와 표현의 가짓수를 늘려줄 수 있기 때문이다. 그렇지만 어느 정도 표현의 도구가 모였다면, 스스로 말해보며 생각을 완성해 가는 연습이 꼭 필요하다. 한국어로 생각을 완성할 때와, 영어 혹은 다른 외국어로 생각을 완성해 보는 경험은 전혀 다르다. 분명히 똑같은 생각인데도 한국어로 표현할 때와 영어로 표현할 때는 방식도 다르고, 규칙도 다르고, 느낌도 다르다. 이 연습을 자주 해야 나의 생각을 언어로 잘 담아낼 수 있다.

　이렇게 아무 말 대잔치를 해나가려면, 일단 아무 말이나 해도 괜찮은 분위기여야 한다. 지적당하거나 평가당하는 게 무섭게 느껴지는 분위기라면 학생들은 아무 말도 할 수가 없다. 의도한 건 아니었지만 내가 각 잡힌 스타일과는 너무 멀었던 덕분에 아무 말 대잔치로 시작해서 정제된 말 대잔치로 끝나는 수업을 쉽게 만들어갈 수 있었다. 위에 서서 끌어주는 교사도 있지만 손을 잡고 함께 걸어가는 교사도 있었고, 나는 후자가 더 어울렸던 것뿐이었다. 여러 방황 끝에 얻은 교훈이었다.

관계 속의 단어-문법

"영어 단어와 문법을 어떻게 공부하고 계세요?"라는 질문을 던지면 보통 유명 토익 학원의 단어장을 사서 외우고 있거나, 영문법이 정리된 책을 사서 외우고 있다는 답을 받았다. "공부한 영어 단어와 문법을 실제로 사용하고 계세요?"라고 물어보면 항상 쓰는 것만 쓰게 돼요, 틀릴까 무서워서 말을 못 해봤어요, 같은 답을 받았다.

어릴 때 학교와 학원에서 받았던 영어 수업을 생각해 보면 본문 달달 외우기, 영단어 옆에 한국어 단어 짝지어 놓고 외우기, 단어 시험 봐서 틀린 개수만큼 벌칙 받기, 시험 성적 떨어지면 떨어진 만큼 혼나기, 문제집 쌓아놓고 풀기 같은 장면이 떠오른다. 사지선다 혹은 오지선다 시험은 답이 이미 정해져 있다. 빈칸에 가장 어울리는 단어를 골라야 하고, 문법상 맞는 문장을 찾아내야 답을 맞출 수 있다. 정답은 이미 정해져 있고, 정답에서 벗어나면 벗어난 만큼 점수가 깎였다.

시험을 위한 영어에서 실생활에 사용하기 위한 영어로 넘어오기 위해 생각해 봐야 할 지점이 있다. 예전에 함께 공부를 했던 분들이 영어로 생각을 표현하는 데 어려움을 겪으셔서, 내가 대신 영어로 옮겨드린 적이 있다. 그분들이 하셨던 말이, "쉬운 단어로 쉽게 문장을 만드시는데 저는 그게 왜 안 될까요" 혹은 "저도 토익 때문에 다 외웠고 들으면 바로 아는 단어들인데 실제로 쓰는 게 어렵네요"였다. 분명히 단어의 의미는 알고 있는데 직접 쓸 수가 없어서 답답하다는 의미였다.

단어를 안다는 건 단순히 영단어에 대응되는 한국어 뜻을 안다는 의미가 아니다. 점수를 위한 영어에서 실제로 사용하기 위한 영어로 넘어오기 위해서는 틀리면 안 되는 단어와 문법이 아니라, 서로 엮이며 뻗어나가는 단어와 문법을 알아야 한다. 예를 들어 grow라는 단어의 사전적 의미는 '자라다'이다. 품사는 동사다. 스펠링은 grow이고, 1음절 단어라서 '그로우'로 딱딱 끊어 읽는 게 아니라 한 음절에 발음한다. 문법적으로는 grow, grew, grown, growing으로 변화한다. 여기까지는 모두 학교에서 배운 내용이다. 하지만 grow를 잘 알아듣고 제대로 활용하기 위해서는 한 발짝 더 나아가야 한다.

grow는 grow up(성장하다)이라는 구동사로 가장 흔하게 쓰이지만, grow back(훼손된 이후에 다시 자라나다), grow into some-thing(~로 자라나다)으로도 자주 쓰이고, grown-up(성인, 어른이 된) 형태로도 자주 쓰인다. 특히 동사는 짝과 함께 쓰이거나 형태를 바꿀 때 파생되는 의미가 많으므로, 핵심 의미를 외울 때 함께 살펴보면 표현의 폭을 한층 더 넓힐 수 있다.

구동사에서 한 걸음 더 나아가서, 각각의 동사가 어떤 단어들과 자주 한 표현으로 묶여 쓰이는지 알면 문장을 더 빠르고 쉽게 만들 수 있다. 미국 영어의 빅데이터인 《Corpus of Contemporary American English》(Davies, 2008-)에서 grow가 어떤 단어들과 짝지어서 자주 쓰이는지 찾아보면 'continue to grow' 'has been growing' 'grow up to become' 'grown over the years' 'growing at a rate' 같은 표현들이 나온다. 위의 표현들은 'Sales will continue to grow(매출은 계속 오를 것이다)', 'The software industry has been growing for a number of decades(소프트웨어 산업은 수십 년 동안 성장하고 있었다)', 'I think our relationship has really grown over the years(나는 우리 관계가 지난 세월 동안 많이 성장해 왔다고 생각해)', 'The Aspen trees are growing at a rate about 50% faster than in 1950(사시나무는 1950년에 비해 50퍼센트 빠른 속도로 성장하고 있다)' 와 같이 쓰인다. 마치 포털 사이트 검색창에 '분당'까지만 쳐도 분당 맛집, 분당 롯데백화점, 분당 서울대병원, 분당 세무서, 분당 날

씨 등이 자동완성 되는 것처럼, 영어 단어도 자동완성 되는 표현을 많이 알고 있으면 더 유창하게 사용할 수 있다.

그렇다면 grow의 의미는 어떨까? 비슷한 의미를 가진 develop과는 어떻게 다를까? grow는 보통 어떤 물체나 개념이 스스로 자라나는 경우에 쓰고, develop은 누군가가 의도를 갖고 성장을 촉진시키는 경우에 쓴다. 아주 작은 의미 차이이지만, 이 차이를 이해해야 grow와 develop을 실생활에서 자연스럽게 사용할 수 있다. effectively grow라고 쓰면 경우에 따라 어색할 수 있지만, effectively develop은 자연스럽다. 아이, 식물, 동물 등에게 "효과적으로 성장해라"라고 말하면 어색하지만, 계획이나 기술 등을 효과적으로 성장시킨다고 하면 어색하지 않다.

한 단어에 얽힌 이야기를 쭉 풀어가다 보면 이 단어는 어떤 문법 형태로 자주 쓰이는지, 어떤 단어와 짝을 이뤄 자주 쓰이는지, 유사한 의미의 다른 단어와는 어떤 차이가 있는지 등을 쭉 알 수 있다. 단어는 단순히 의미를 가진 알파벳 몇 개의 나열이 아니고, 다른 단어와의 관계 속에서 존재한다. 이렇게 단어와 문법을 엮어 설명하는 개념을 영어로는 lexicogrammar, 한국어로는 어휘-문법이라고 부른다. 어휘와 문법은 상호 불가침의 영역에 있는 게 아니라, 서로 교류하며 뻗어나가는 관계다.

영단어 뜻 하나 외우기에도 벅찬데, 언제 단어 하나하나를 다

깊게 파고들지 막막하게 느껴질 수도 있다. 시험 고득점을 노린다면 빠르게 단어의 뜻만 외우는 게 지름길일 수도 있지만, 용례와 엮어서 외우는 게 단어의 의미, 느낌, 함께 쓰이는 단어, 뉘앙스를 더 잘 이해하게 해주고, 이후에 단어를 사용할 때도 도움을 준다. 새로운 단어를 보았을 때 예문을 함께 기록해 두기, 학습자용 사전(learner's dictionary)을 사용해서 구동사를 함께 익혀 두기, 유의어 사전(thesaurus)을 써서 비슷한 단어를 찾아보고 의미 차이를 살펴보기, 구글 검색창에 단어를 입력해 보고 어떤 자동완성 구문이 생겨나는지 확인해 보기 등 자신의 마음에 드는 방법을 사용하면 된다. 최근에는 영단어를 검색하면 그 단어가 언급되는 유튜브 클립을 찾아주는 서비스도 생겼다. 예를 들어 Youglish(https://youglish.com/) 사이트에서 grow를 검색하면 grow가 들어간 영상을 여럿 찾아주고, 재생 버튼을 누르면 스크립트와 함께 그 단어가 쓰인 부분을 보여준다. 단어가 쓰이는 상황과 맥락, 말하는 톤, 함께 쓰이는 표현 등을 함께 확인해 볼 수 있는 셈이다.

얼마 전에 라디오를 듣다가 알게 된 'stick with you'라는 표현이 좋아서 수첩에 이 표현과 표현이 쓰인 맥락을 기록한 적이 있다. stick은 보통 '붙이다'라는 의미로 쓰이는 동사인데, 핵심 의미를 확장해서 '기억에 남는'을 표현했다는 게 인상 깊었다. 표현을 다시 꺼내보니 이 표현을 들었던 상황과, 진행자의 따뜻한 목소리와, 바쁜 일정에 지쳤지만 담담히 대답하던 인터뷰이의 말까지 전부 생생하게 살아났다. 이 표현 자체가 나에게 'stick with me' 한 셈이다.

사람이 관계 속에서 존재하듯이, 영단어도 관계 속에서 존재한다. 사람이 친구, 동료, 가족 등과 교류하며 성장해 나가듯, 단어도 다른 단어, 문법, 표현과 관계를 맺으며 의미를 만들어나간다. 영어 단어와 한국어 뜻을 단순히 짝지어 외우기만 한다면, 아무리 열심히 외웠던 단어라도 모래알처럼 흩어져 잊어버린다. 정답을 맞히기 위한 공부가 아니라, 다른 단어 및 문법과의 관계를 살피고 확장해 나가는 공부가 필요하다.

시제와 상, 영상으로 바라보기

언어마다 시간을 바라보는 관점이 다르다. 우리는 시간을 과거-현재-미래 순서로, 왼쪽 끝에서 오른쪽 끝으로 뻗어나가는 수평선으로 생각한다. 그런데 중국어를 사용하는 사람은 시간을 수평선뿐만 아니라 수직선으로도 생각하는 경향이 있고(Boroditsky, 2001), 오른쪽에서 왼쪽으로 글을 쓰는 아랍어 화자는 시간 또한 오른쪽 끝에서 왼쪽 끝으로 진행된다고 상상한다(Bergen & Lau, 2012). 시간은 모두에게 같은 방식으로 흘러가지만, 시간을 바라보는 관점은 언어마다 다른 셈이다.

이 차이는 각 언어의 문법에도 녹아 있다. 한국어는 시제가 변하면 '가다', '갔다'처럼 동사가 변화하고, 영어 역시 go, went처럼 동사가 변화하지만, 중국어의 경우엔 동사는 그대로 두고 '어제', '내일' 같은 시간을 표현하는 단어를 써서 시제 변화를 나타낸다. 전 세계 모든 사람이 같은 시간을 체험하지만, 어떤 언어를 쓰는지에 따라 표현하는 방식은 달라진다.

어떤 언어는 현재와 미래를 문법적으로 구분하고, 어떤 언어는 현재 시제를 통해서 미래를 나타낸다. 예를 들어 영어의 경우 'I go to school'을 미래 시제로 쓰려면 'I will go to school tomorrow'라고 표현해야 한다. 'I go to school tomorrow'는 비문이다. will을 써서 미래 시제임을 꼭 나타내 주어야 한다. 반면 한국어는 '학교 간다'라는 현재 시제를 미래 시제로 바꾸려면 '내일 학교 갈 거다'라고 표현해도 되지만, '내일 학교 간다'처럼 문법 구조는 그대로 두고 '내일'이라는 시간 표현만 추가해도 된다.

이 점에 착안해 한 경제학자는 현재와 미래를 엄격히 구분하는 언어를 사용하는 사람들은 미래를 위한 행동(저축, 금연 등)을 그렇지 않은 사람들에 비해 덜 할 거라는 가설을 세워서 검증하기도 했다(Chen, 2013). 현재와 미래가 엄격히 구분되는 언어를 쓰면 미래가 멀리 있는 것처럼 느껴질 것이고, 현재와 미래의 구분이 약한 언어를 사용한다면 지금 이 순간과 미래가 가깝게 느껴질 것이기 때문이다. 연구 결과 현재와 미래의 구분이 약한 언어를 쓰는 경우 실제로 저축률이 높다든지 건강을 더 신경쓰는 경향이 있었지만, 명확한 인과관계는 증명되지 않았다고 한다.

언어마다 시간을 표현하는 방법이 다르다 보니, 영어를 쓸 때도 알맞은 시간 표현을 선택하는 것이 항상 어렵다. 아무리 오래 써왔다고 해도 상대적으로 쉬운 단순과거형, 단순현재형, 현재진행형(예: learned, learn, be learinng)을 자주 쓰게 되고, 완료형이나 완료진행형(예: have learned, have been learning) 같은 복잡한 형태는 아무래도 잘 쓰지 않는다. 시간과 동작을 좀 더 다양하게 표현해 보고 싶다면, 먼저 시제와 상에 대해 제대로 알아야 한다.

영어의 시제는 총 몇 개일까? 고등학교 때까지 배운 문법으로 따지면 "12개"라고 대답할 수도 있다. 아주 틀린 답은 아니지만, 좀 더 정확히 말하면 시제는 '과거, 현재, 미래'로 총 세 가지이고, 나머지는 '상(aspect)'이라고 부르는 것들이다. 여기에는 '단순형, 진행형, 완료형' 세 가지와 '완료진행형' 한 가지가 있다. 시제 세 가지와 상 네 가지를 곱하면 시제와 상의 조합은 총 열두 가지가 된다. 시제는 말 그대로 시간을 다루고, 상은 그 시점에 일어나고 있는 행위의 내적 구조를 다룬다(Larsen-Freeman & Celce-Murcia, 2015). 쉽게 말하면 시제는 특정 행위가 언제 일어났는지를, 상은 내가 그 행위를 어떻게 바라보는지를 나타낸다. 보통 과거, 현재, 미래 중에 어떤 시제를 써야 할지는 쉽게 알아도, 행위나 동작을 어떤 상으로 표현해야 할지는 알기가 어렵다.

학교 문법에서는 시제와 상을 직선의 개념으로 가르쳤다. 현재 한국 공교육에서 어떻게 가르치고 있는지는 잘 모르지만, 내가 중학교를 다니던 2000년대 중반엔 대과거-과거-현재-미래 순으로 뻗어나가는 직선으로 시제와 상을 설명했다. 과거완료형은 과거보다 더 전인 대과거에 일어난 일을 표현할 때 사용하고, 현재완료형은 경험, 의미, 결과, 완료의 네 가지 용법으로 사용된다고 참고서에 쓰여 있었다. 초중급 수준에서는 이렇게 단순하고 간결한 설명이 유용할 수 있다. 하지만 막상 이 설명을 참고해서 실제로 문장을 써보라고 하면 자연스럽게 문장을 만드는 게 어려웠다. 왜였을까?

이 질문에 대한 답은 박사과정 중에 우연히 얻게 되었다. 당시 사회문화이론(sociocultural theory)에 대한 수업을 들으면서, 인지 발달 이론에 대해 배울 기회가 있었다. 인간은 목적을 달성하기 위해 도구를 사용한다. 밥을 먹기 위해 젓가락을 사용하는 법을 어릴 때부터 연습하는 것처럼, 직각삼각형의 빗변의 길이를 알아내기 위해 피타고라스의 정리라는 도구를 쓰는 것처럼, 정신세계에서도 무언가를 달성하려면 심리적 도구가 필요하다. 이 도구에 대한 설명서는 간결하면서도 도구의 핵심을 담고 있어야 한다.

영어의 경우도 그랬다. 시제와 상이라는 심리적 도구를 사용해서 시간과 행위를 표현해야 하는데, 도구에 대한 설명서를 이해하기 어려웠다. 꼭 한국만의 문제가 아니라, 다른 나라에서도 영어의 시제와 상을 가르치는 데 어려움을 겪는다고 한다. 학교 선배 한 명은 이 점에 착안해서 시제와 상의 개념을 좀 더 직관적

〈그림 1〉

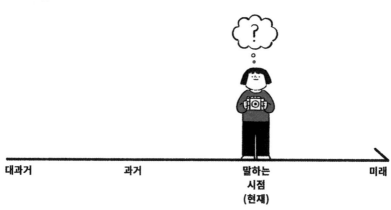

으로 표현하는 설명서를 만들고, 직접 이 설명서를 써서 학생들에게 시제와 상을 가르친 경험을 데이터로 삼아 박사학위 논문을 썼다. 선배가 만든 설명서를 보고 중학교 때 글로 익혔던 시제와 상을 좀 더 명료하게 이해할 수 있었다. 아래는 인펀트(Infante, 2016)의 연구를 참고하여 한국 학습자들에게 더 와닿을 수 있도록 내가 다시 구성한 내용이다. 라센프리먼과 셀스머시아(Lars-en-Freeman & Celce-Murcia, 2015)의 설명 및 예문 또한 참고했다. 위의 그림 1을 보면 시제를 나타낸 선이 그어져 있다. 왼쪽부터 순서대로 대과거, 과거, 말하는 시점(현재), 미래를 나타낸다. 말하는 시점에 서 있는 사람이 사진기를 들고 어떤 풍경을 담을지 고민하고 있다.

〈그림 2〉 Kaan lives here.

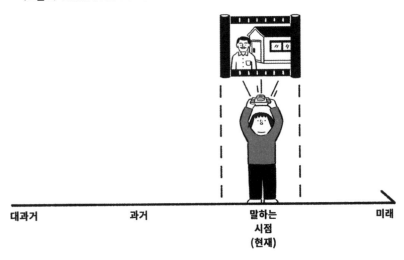

〈그림 3〉 Kaan is living here.

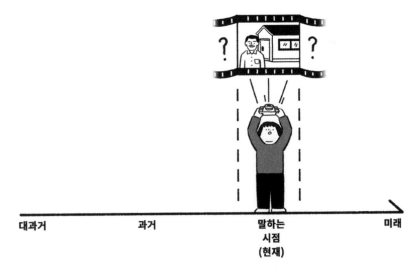

말하는 시점에 서 있는 사람이 'Kaan lives here'(단순)과 'Kaan is living here'(진행) 두 문장을 말한다고 생각해 보면, 그림 2 및 그림 3과 같이 나타낼 수 있다. 첫 문장은 칸(Kaan)이 쭉 여기서 살았다는 의미를 내포한다. 영상을 찍는 사람이 칸이 여기에 사는 순간을 모두 필름에 담았기 때문이다. 그러나 두 번째 문장은 지금 칸이 여기 살고 있는 장면을 클로즈업해서 보여주는 영상이고, 이전에 어땠는지 혹은 이후에 어떻게 될지는 알 수 없다. 영상을 찍는 사람의 초점 밖이기 때문이다. 칸은 어떤 사정이 있어서 잠시 동안만 여기 살고 있을지도 모른다.

'Sarai wrote three books in 2012'(단순), 'Sarai has written three books since 2012'(완료) 두 문장은 각각 그림 4 및 그림 5와 같이 나타낼 수 있다. 첫 문장은 단순형이므로 사라이(Sarai)가 2012년에 책 세 권을 쓴 일을 모두 담은 영상이고, 두 번째 문장은 완료형이므로 사라이가 2012년부터 책을 써왔고, 세 권을 쓴 다음, 지금까지도 계속 이어지는 모습을 영상으로 담았다. 따라서 첫 문장은 사라이는 단지 과거에 책을 세 권 썼다는 사실만을 전달하거나, 사라이가 모종의 이유로 더는 책을 쓰고 있지 않을 확률도 내포한다. 영상이 더 이상 이어지지 않기 때문이다. 반면 두 번째 문장에서의 사라이는 높은 확률로 지금도 집필 활동을 계속하고 있거나, 관련된 활동을 하고 있을 것이다.

〈그림 4〉 Sarai wrote three books in 2012.

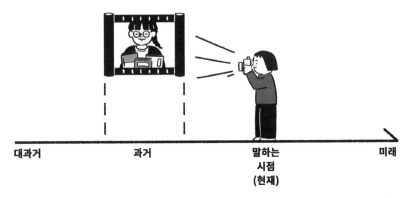

| 대과거 | 과거 | 말하는
시점
(현재) | 미래 |

〈그림 5〉 Sarai has written three books since 2012.

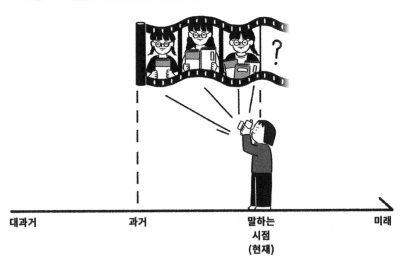

| 대과거 | 과거 | 말하는
시점
(현재) | 미래 |

　이처럼 영상 찍기로 시제와 상을 바라보면 문제 풀이도 더

쉬워진다. 예를 들어 'I ____ a member of the club since 2016' 같은

문장에서 현재완료형(have been)을 쓰는 이유는, 행위가 시작된 시

〈그림 6〉 **By the end of day, they will have finished the project.**

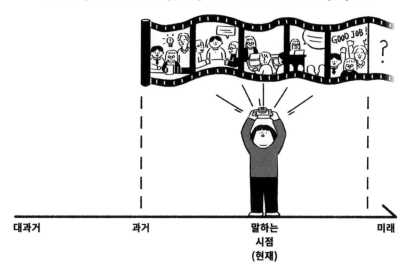

| 대과거 | 과거 | 말하는
시점
(현재) | 미래 |

점이 이미 제시되어 있고, 이 행위가 지금까지 쭉 이어져 오고 있기 때문이다. 1996년, yesterday(어제), last year(작년) 같은 단어는 시간을 '점'으로 나타낸다. 특정한 시점에 일어난 행위이기 때문이다. 반대로 since(부터), until(까지) 같은 단어는 시간을 '선'으로 나타낸다. 특정 시점부터 또다른 시점까지 이어져 오는 시간의 선을 표현하기 위해서는 완료형이 필요하다. 이 차이를 알게 되면 토익 시험에 자주 나오는 시제와 상 문제, 예를 들면 그림 6의 'By the end of day, they _____ the project'에서 정답이 will have finished(미래완료)인 이유도 쉽게 알 수 있다. 과거부터 시작해서 오늘 끝까지(by the end of the day)의 시간을 선으로 바라보면, 이 선

205

이 미래에 끝날 것이기 때문에 미래완료형이 필요한 것이다.

아주 간단한 문장, 'I finished homework'와 'I've finished homework' 같은 것도 영상 찍기로 바라보면 사소한 의미 차이를 발견할 수 있다. 전자는 과거에 숙제를 다 끝낸 것을 담은 영상이고, 후자는 과거의 어떤 시점부터 시작해서 방금 전까지 숙제를 해서 끝내는 것을 담은 영상이다. 따라서 'I finished homework yesterday'는 자연스럽지만, 'I've finished homework yesterday'는 어색하다. 완료형을 쓰려면 내가 정지 버튼을 누르는 현재 시점 직전까지는 영상이 이어져야 하는데 yesterday라는 표현 때문에 영상이 어제에 멈춰버렸기 때문이다.

언어마다 시간을 다르게 표현하기 때문에 영어 시제와 상이 어렵게 느껴지는 건 당연하다. 내가 카메라를 든 사람이라고 생각하고 어떤 일을 영상으로 담아내고 있다고 상상하면, 어떤 시제와 상을 골라 표현할지 좀 더 흥미롭게 궁리해 볼 수 있지 않을까.

말은 맥락과, 공부는 삶과

대학 시절 방문학생으로 일 년 동안 미네소타에 머무를 때 일이었다. 한국인 언니들과 일본인 친구들을 합쳐 열 명 정도가 함께 중화요리집에 둘러앉아 식사를 하고 있었다. 한국 언니가 일본 친구에게 "아는 한국말 있어?"라고 물었다. 일본 친구가 대답했다. "남자의 향기가 난다."

테이블에 앉아 있던 모든 한국인이 3초간 수저를 멈췄다가, 누가 먼저라고 할 것도 없이 웃으며 쓰러지기 시작했다. 도대체 그런 말은 어디서 배웠냐고. 주말 한낮의 중화요리집에서 갑자기 튀어나오기에는 너무나 뜬금없는 말이었다. 기껏해야 "제 이름은 땡땡땡입니다", "저는 일본인입니다", "치킨을 좋아합니다" 같은 말이 튀어나올 거라고 생각했는데, "남자의 향기가 난다"니.

나중에 자초지종을 들어보니 여자기숙사 방에서 한국인 친구들과 놀고 있었는데 남자 냄새가 났다고 했다. 그때 한국인 친구가 "남자의 향기가 난다"라고 말한 걸 기억해서 이야기했다고.

한글도 본 적 없는 외국인에게는 긴 문장이었는데도, 통째로 기억해서 말한 거였다.

　이런 일화가 여럿 더 있다. 한번은 일본에 온 후에 만난 일본인 대학생이 한국 친구들에게 배웠다며 내게 한국어 표현을 이것저것 말하기 시작했다. 처음엔 "재미없어" "배고파" "졸려" 같은 평범한 표현을 말하다가, 점점 "개존잼" "쌉가능" "개빡침"처럼 일상어이지만 비속어라고 볼 수 있는 단어들을 쓰기 시작했다. 그래도 여기까지는 괜찮았지만, "뚝배기 깬다(머리를 깨버린다는 뜻)" "죽빵 날린다"처럼 심한 비속어가 나왔을 때는 아무리 외국인의 말이라고 해도 너무 폭력적으로 들렸다. 나중에 이야기를 들어보니 한국 학생들과 어울려 다니다가 이런 말을 알게 되었고, 비속어라는 사실은 알고 있었지만 어느 정도로 어감이 세게 들리는지는 잘 몰랐다고 했다. 이제부터 그런 표현은 친구들끼리만 쓰고 처음 보는 사람 앞에서는 사용하지 않았으면 좋겠다고 말했다.

　일본인 친구가 말한 "남자의 향기가 난다"가 뜬금없고, 일본인 대학생이 말한 "뚝배기 깬다"가 당황스러웠던 이유는 맥락과 관계에 전혀 어울리지 않는 말이었기 때문이다. 맥락을 뜻하는 영어 단어 context는 '함께 엮다(to weave together)'라는 뜻이다

(Oxford English Dictionary, n.d.). 문장은 혼자 서 있을 수 없다. 문장은 상황 안에 있을 때 비로소 살아난다. 중화요리집에 여학생들만 둘러앉아 있는데 "남자의 향기가 난다"라는 말이 나올 거라고는 보통 아무도 생각하지 않을 것이다. 이제 겨우 몇 번 만난 일본인과 한국인 사이에서 "뚝배기 깬다"라는 말은 관계와 너무 맞지 않았다. 말은 맥락과 섞여서 존재하는데, 말이 혼자 둥둥 떠버리면 뜬금없이 웃기거나 문제가 된다.

종종 인터넷을 보면 "유용한 영어 표현 50개" 혹은 "원어민이 매일 쓰는 표현 30개" "영어 회화 필수 표현 100개" 같은 글을 볼 수 있다. 항상 왼쪽에는 영어 표현, 오른쪽에는 한국어 뜻이 정렬되어 있다. 새로운 표현을 접하게 해준다는 점에서는 분명 유익하지만, 과연 학습자가 이 글에 열거된 표현을 다 쓸 수 있을지 항상 의문이었다. 뜻만 있고, 아무런 맥락이 주어지지 않았기 때문이다. 뜻을 아는 것만으로는 부족하고, 그 말이 어떻게 쓰이는지를 주변 정보와 함께 파악하여 엮을 수 있어야 한다.

영어 표현과 한국어 의미가 일대일로 대응하지는 않는다. 단어의 사전상 의미는 같더라도 주로 사용되는 맥락이 전혀 다를 수 있기 때문이다. 새로 알게 된 표현을 사전에 검색해서 표현이 사용된 예문을 찾아보고 어떤 상황에 활용되는지 살펴봐야, 이 표현이 어느 맥락에 자연스럽게 녹아드는지 알 수 있다. 사전으로 기본 맥락을 파악한 후에는 구글 같은 검색 엔진에서 해당 표현을 검색해 실생활의 용례를 짚어보면 더욱 많은 정보를 새 표현과 엮을 수 있다.

어느 정도 파악이 끝났다면 이제 내 맥락에 표현을 엮어볼 차례다. 마음에 드는 예문을 메모해 두고, 단어를 몇 개 정도 바꿔서 자신의 문장을 만들어보고, 가능하다면 실제 대화나 글쓰기에 활용하면서 맥락과 엮는 연습을 해야 새 표현을 온전히 자신의 것으로 만들 수 있다. 맥락과 엮이지 않은 영어 표현은 뇌 속에 잠깐 머물렀다가 사라져버린다. 맥락 속에서 파악하고 써본 표현이어야 몸이 오래도록 기억한다.

말도 맥락과 함께 존재하듯이, 공부도 삶과 함께 존재한다. 단어장을 외우다가 첫 몇 쪽만 빽빽하게 메모한 채 결국 포기한 경험이 누구에게나 있을 것이다. 공부가 자신의 삶에 충분히 맥락화(contextualized)되지 않았기 때문이다.

공부를 삶에 엮지 않으면 오래 지속하기 어렵다. 자신의 시간과 에너지는 한정되어 있고, 어느 한 군데에만 무한정 쏟아부을 수는 없다. 공부와 삶을 어떻게 엮을 수 있을지는 활동 이론(Activity Theory)을 활용해서 간단히 진단해 볼 수 있다. 원래 이 이론은 영어 학습 이론이 아니라 복잡히 얽혀 있는 사회활동을 분석하고 이해하기 위한 이론이며 지금도 이 분야에서 매우 활발히 활용되고 있다. 아래의 학습지는 내가 활동 이론을 참고하여 교실 상황에 맞추어 만든 아주 간단한 학습지다. 처음 만난 학생들의 상황이 어떤지 이해하고, 쓸 수 있는 자원은 어느 정도 있으며, 이루고 싶은 목표는 무엇이고, 현실적으로 우리에게 주어진 시간 안에 달성할 수 있는 것이 무엇인지를 알기 위해 종종 이 학습지를 이용했다. 글, 그림, 사진 등 무엇이든 자신이 원하는 방법으로 빈칸을 채우면 된다.

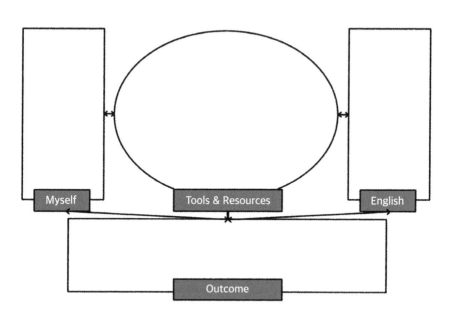

먼저 맨 왼쪽엔 영어 학습자로서 자신이 어떤 사람인지를 쓰거나 그려본다. 영어 학습자로서 어떤 걸 잘하고 어떤 걸 못하는지, 어떤 경험을 갖고 있는지, 어떤 걸 좋아하고 어떤 걸 싫어하는지, 어떤 스타일의 학습자인지 등을 자유롭게 표현해 본다. 중간 칸에는 영어 공부를 위해서 쓸 수 있는 자료나 도구가 무엇이 있는지를 써본다. 미국 드라마, 유튜브, 팟캐스트 같은 자료가 될 수도 있고, 영어를 잘하는 친구나 외국인 친구 등의 사람이 될 수도 있고, 영어 강의나 온라인 강의 등의 기회일 수도 있다. 무엇이든 가리지 않고 일단 자신이 쓸 수 있는 거라면 전부 적어보는 게 좋다. 오른쪽에는 이 자료 및 도구를 이용해서 어떤 목적의 영어를 공부하고 싶은지 쓴다. 구체적이면 구체적일수록 좋다. 무역 프리젠테이션을 수월하게 해낼 수 있는 능력, 사내 회의에서 질문할 수 있는 능력, 유학 가서 기초적인 학술 에세이를 써낼 수 있는 능력 등이 있다. 그리고 가장 아래에는 영어를 통해 어떤 목표를 성취하고자 하는지, 단기 목표와 장기 목표를 써본다. 단기 목표로는 취업 때 영어 인터뷰에 통과하거나 다음 달의 프리젠테이션을 성공적으로 해내는 것이 있을 수 있고 장기 목표는 외국계 기업으로의 이직, 대학원 유학이나 해외 취업 등이 될 수 있다.

작성을 완료한 이후에는 이 네 가지의 관계에서 모순되는 지점이 있는지를 살펴본다. 예를 들어 자신을 소심하고 실패를 두려워하는 학습자로 묘사했고, 갖고 있는 도구는 모두 책이나 문제집인데, 클럽 영어를 배우고 싶고 해외 클럽 디제이라는 목표를 갖고 있다면 자기 자신과 도구에 모순점이 있다는 사실을 인정해야 한다. 목적을 달성하기 위해 새로운 도구를 찾고, 자그마한 도전이라도 계속 쌓아가면서 실패에 담담해져야 한다. 시험으로만 영어를 배웠지만 회화 능력을 늘리고 싶다면, 책이나 영상 매체를 보고 있을 게 아니라 온라인이든 오프라인이든 직접 말할 기회를 만들어야 한다. 온라인 스터디, 전화영어, Meetup, 언어 교환이나 국제 교류 행사 등 기회는 찾아보면 꽤 있다. 자신의 상황을 종이 위에 그려보고 충돌하는 지점을 찾아보면 상황을 좀 더 객관적으로 바라볼 수 있고 나름 동기부여가 된다.

네 가지의 관계가 전부 유기적으로 연결되어 있다면 공부에 최적화된 상태이지만, 그런 경우는 거의 없다. 영어 공부 외에도 다른 일을 병행하는 터라 시간이 부족하거나, 목적은 분명한데 목적에 맞는 도구가 부족하거나, 어떤 도구를 어디서 찾아야 할지 막막하거나, '영어 원어민이 되고 싶다'처럼 모호한 목적을 가진 경우 등이 있다. 내가 쓸 수 있는 시간과 에너지를 가늠해 보고, 그 안에서 할 수 있는 만큼 도구를 찾아보고, 목표를 수정해 가며 공부를 이어나가면 된다.

말은 맥락과 얽혀 있고, 공부는 삶과 얽혀 있다. 맥락 없이 말만 외우거나, 삶에 대한 배려 없이 공부하려 한다면 오래갈 수가 없다. '함께 엮다'라는 context의 원래 의미처럼 말과 맥락도, 공부와 삶도 씨줄과 날줄처럼 함께 엮어나가야 세월이 지나 비단 같이 아름다운 결과를 손에 넣을 수 있다.

영어를 공부하는 이유

누구나 한 번쯤은 "공부해서 남 주냐?"라는 말을 들어본 적이 있을 것이다. 원래 의미는 아무도 자신의 실력을 빼앗아 갈 수 없으니 열심히 공부해서 자신만의 실력을 쌓으라는 뜻이다. 영어 공부 역시 매일 연습해 나가면 실력이 쌓이고, 아무도 빼앗아 갈 수 없다. 사람은 컴퓨터가 아니라서, 내 머릿속에 들어 있는 지식을 타인이 강제로 포맷하거나 외부로 유출할 수 없다.

하지만 실제로 지금까지 해온 영어 공부는 누굴 위한 공부였을까? 나는 내가 공부해서 얻은 결과를 전부 누렸나? 나는 충분히 즐거웠고 행복했나? 영어 공부가 나를 충만하게 해주었나? 지금껏 나는 '남 주기 위해서' 영어를 공부했던 게 아닐까?

초등학생 때였다. 학원에 가고 있는데 눈앞에 외국인이 서 있었다. 티브이가 아닌 실제 생활에서 외국인을 보는 건 살면서 처음이었다. 어린 마음에 너무 신기해서 "헬로우!" 하고 말을 걸었다. 길을 걸어가던 외국인 입장에서는 짜증날 수도 있었을 텐데,

어린애인 걸 보고는 함께 "헬로우" 하고 답을 해주었다. 그때 내 눈이 얼마나 커다래졌는지. 인생 처음 영어로 소통을 해본 기억 이었다. "헬로우!"의 감정만큼 세계가 넓어졌다.

중학생 때 영어 선생님께서 교육청에서 주최하는 영어 캠프 에 가보지 않겠느냐고 물어보셨다. 무료이니까 부모님 동의만 얻 어오면 된다고. 그때는 그저 무료라고 하니까 좋아서 바로 부모 님 동의를 얻고 신나게 영어 캠프행 버스를 탔다. 동국대학교 경 주캠퍼스에서 5일간 중학생 대상으로 열리는 캠프였다. 첫날은 반 배정이 있었는데, 영어 수업에서 문제 푸는 것만 해봤지 영어 로 제대로 말을 해본 적은 없어서 잔뜩 긴장했다. 세계 어디서나 또박또박 웃으면서 말하는 사람을 좋아할 테니까, 입을 귀에 걸 고 문을 열고 들어가 "하와유! 굿! 아임 미들스쿨스튜던트! 써드! 써드 그레이드! 아이 라이크 잉글리시!" 하고 소리를 쳤다. 수염이 덥수룩한 젊은 남자였던 담당 교사는 중학생의 패기가 웃겼는지 하하 웃고는 나를 제일 높은 반에 배정해 주었다.

그때까지만 해도 내가 받았던 영어 사교육은 중학교 1학년 때 영어 학원에 잠깐 다닌 게 전부였고, 그나마도 사정이 있어 두 달 정도밖에 다니지 못했다. 학교에서 배운 영어 실력만 갖고 말 을 지어봤는데 상대방이 알아듣는 게 신기했다. 같은 반으로 배 정받은 친구들 중에는 외국어 고등학교 지망생이거나 이미 토플을 본 적 있는 친구도 있었다. 당시 대구의 평범한 동네에 살고 있던 나에게는 너무나 새로운 세계였다. 잘하고 싶다는 동기가 생겼고, 생각나는 것은 무엇이든지 이야기했고, 무엇이든지 기회가 생기면 참여했다. 말 같지도 않은 말이라도 막 던져댔다. 상대의 말이 잘 이해가 안 가면 여러 번 물어보기도 했고, 결국 골든벨 게임에서 이겨 상으로 영어 사전을 받기도 했다. 지금까지 책 속에서 죽어 있던 영어가 책 밖으로 헤엄쳐 나오는 기분이었다. 5일 동안 던져댔던 말도 안 되는 말의 양만큼 세계가 넓어졌다.

어릴 때에는 영어를 쓰는 일이 재미있었고 공부가 그렇게 힘겹지도 않았는데, 이십 대가 되고 나니 외부의 기준에 맞춰서 공부를 해야 할 때가 많았고, 점점 힘들어졌다. 가령 텝스 공부를 하고 있을 때였다. 텝스 900점 이상이 필요해서 혼자 짬짬이 공부했더니 첫 시험에서는 856점을 받았다. 한 달 동안 학원을 다니고, 스터디그룹도 병행하며 열심히 공부했더니 930점으로 올랐다. 그 점수를 얻은 건 좋았지만, 결국 930점으로도 부족했는지 지망한 시험에서 떨어졌다. 겨우 얻은 점수는 써먹어 보지도 못하고 유효기간이 지나서 사라져 버렸고, 그때 열심히 외웠던 단어와 표현도 머릿속에서 스르르 지워져 버렸다.

유학을 가기 위해서 GRE 공부를 할 때였다. GRE는 미국 대학원에 가기 위해서 필요한 시험인데, 토플처럼 외국인만 보는 시험이 아니라 미국인도 함께 응시하는 시험이다. 미국 대학원에서 수학할 수 있는 능력을 보는 시험이다 보니, 듣도 보도 못했던 단어를 엄청나게 외워서 문제를 풀어야 했다. 지금 생각하면 도대체 어떻게 공부했는지도 기억이 잘 나지 않을 정도로 열심히 단어를 외웠다. ostentation(재산이나 지식 등의 과시), sanguine(낙천적인)처럼 그전까지는 접해본 적이 없는 단어를 무더기로 외워서 기계적으로 문제를 풀었다. 그리 높지는 않았지만 입학 허가를 받기에 무리 없는 점수가 나와서 더 이상 시험을 보지 않기로 결정했다. 결정하자마자 GRE 때문에 공부했던 내용들이 머릿속에서 썰물처럼 빠져나가 버렸다. 도대체 뭘 공부했는지도 기억이 나지 않을 정도로.

어떤 영어 공부는 세계를 확장해 주었는데 어떤 영어 공부는 머릿속에서 쉬이 흘러나가 버렸다. 어떤 영어 공부는 신기하고 새로웠지만, 어떤 영어 공부는 스트레스만 주었다. 같은 영어 공부였는데 왜 이렇게 달랐을까?

박사과정 때 수업을 듣다가 깨닫게 되었다. 십 대 때는 내가 직접 써먹기 위해 영어 공부를 했다면, 이십 대 때는 무언가를 얻기 위해 공부를 했다. 초등학교 때 외국인에게 인사를 한 것, 중학생 때 영어 캠프에 참여해서 아무 말 대잔치를 한 것, 모두 내가 영어를 직접 써보고 싶어서 한 행동이었다. 교과서에서만 배웠던 영어가 실제로 살아나는 것 같은 느낌이 좋았고, 모국어와는 전혀 다른 발음을 구사해 보는 것도 신기했다. 반면 텝스를 공부할 때는 열심히 했지만 얻은 게 아무것도 없었고, GRE 시험을 위해 공부한 내용은 입학 허가를 받자마자 머릿속에서 스르르 빠져나가 버렸다.

학계에서는 '언어의 상품화'라는 개념이 종종 언급되고 있다. 이 개념은 콜센터에서 상담원에게 영국인처럼 보이는 이름을 붙여주고 억양을 고치는 훈련을 시키는 것(Holborow, 2018), 필리핀인 가사 도우미가 싱가포르에서 일하기 위해 영어를 배우는 것(Lorente, 2018) 등, 특정한 언어를 써서 부가가치를 얻는 현상을 일컫는다. 콜센터 직원은 상냥한 말투를 쓰는 친절한 사람이 되고 싶어서가 아니라 고객의 불만을 줄이고 회사의 요구에 맞추기 위해 억양을 훈련한다. 가사 도우미는 싱가포르에서 더 높은 임금을 받기 위해 영어를 배운다. 이렇듯 자기 자신을 위해서가 아니라, 다른 무언가와 교환하여 이익을 얻기 위해 언어를 배우는 현상을 언어의 상품화 혹은 언어 교육의 상품화라고 부른다.

영어로 무언가를 얻으려면 내 영어 실력과 내가 얻고 싶은 것이 교환이 가능해야 한다. 나는 최선을 다해서 좋은 실력을 만들었는데, 외부의 문제로 팔리지 않는다면 재고 상품이 되어버린다. 나는 노력해서 텝스 고득점을 얻었는데도, 다른 지원자들의 점수가 더 높았던 터라 이 점수를 어디에도 써먹을 수가 없었다. 상품을 만들어내긴 했는데 교환에 실패한 예다.

상품화 자체가 문제라고 볼 수는 없다. 영어뿐만 아니라 좋은 학벌을 얻기 위한 노력, 연봉을 올리기 위한 자기계발 등 현대 사회를 살아가는 우리는 무언가를 얻기 위해 공부할 때가 많고, 자본주의 사회에서는 어찌 보면 당연한 일이다. 비판할 지점이야 분명히 많지만, 상품화의 존재 자체를 부정할 수는 없다.

그러나 상품으로 만들어 팔기 위해서만 영어를 공부하게 되면 스트레스가 커진다. 내가 쓰기 위해 하는 영어 공부라면 나 자신이 만족할 수 있을 만큼만 열심히 하면 되는데, 팔기 위한 영어 공부라면 내 영어가 시장에서 교환 가능할지 아닐지를 늘 생각해야 한다. 또한 아무리 열심히 노력을 했다 하더라도 외부의 상황 때문에 교환에 실패하면 나의 노력이 말짱 도루묵이 되어버린다.

나를 위해 공부하는 걸까, 남 줘서 이득을 얻으려고 공부하는 걸까? 내가 직접 써먹기 위해 공부하는 걸까, 다른 무언가를 얻기 위해 공부하는 걸까? 이 두 가지가 무 자르듯 깔끔하게 나뉘지는 않는다. 나도 영어 글쓰기를 꾸준히 연습하는데, 내 자신이 더 유려한 문장과 논리를 구사하고 싶은 이유도 분명히 있지만, 논문을 잘 써서 직업 안정성을 얻기 위한 이유도 크다. 이 두 가지가 깔끔하게 나뉘진 않지만 후자에 비중이 너무 많이 쏠려 있다면 스트레스를 많이 받을 것이다. 나 좋자고 하는 공부인데도 말이다.

예전에 취업을 위해서 토익, 토익 스피킹, 영어 면접 등을 공부하고 있는 분들을 인터뷰한 적이 있다. 자기 자신을 위해 영어를 공부하는 건 사용가치에 속한다. 해외여행을 할 때 쉽게 의사소통하거나, 외국인 친구를 만들거나, 영어를 배우며 성취감을 얻는 일 등이 포함된다. 무언가를 얻기 위해 공부하는 건 교환가치에 속한다. 대표적으로 영어 점수를 만들어 취업 준비의 출발선에 서는 일이 포함된다. 점수가 높아야 성실해 보일 거 같고, 잘은 모르더라도 점수는 고고익선이니까 막연하게 준비하기도 한다.

나는 영어를 직접 쓰려고 공부하는 걸까, 혹은 남을 줘서 다른 걸 얻으려고 공부하는 걸까? 스트레스가 심하다거나, 내 영어 공부가 어디로 가고 있는지 잘 모르겠다면, 한 번쯤은 나를 위해 공부하고 있는 건지, 아니면 다른 걸 얻기 위해 공부하고 있는 건지 점검해 보는 것도 좋다.

새 언어로 말하기 전에
준비해야 할 것들 1

스무 살도 되기 전, 삼촌 집에 놀러갔을 때 아무 책이나 뒤적거리다가 읽었던 구절이 있다. "밥을 빨리 먹는 사람을 뽑아라, 밥을 빨리 먹고 그 시간을 일에 쓰니까. 빨리 걷는 사람을 뽑아라, 그런 사람이 일도 빨리빨리 처리하니까."

무조건 빨리, 무조건 열심히 하는 게 미덕이던 때가 분명히 있었다. 밥 먹는 시간을 쪼개서 자기계발에 쓰고, 막차를 타고 퇴근해 새벽별을 보며 출근하는 게 미덕이던 시절이었다. 9시에 출근해 6시에 퇴근하는 삶은 그리 흔하지 않았다. 아파도 학생인 이상 학교에 가야 했고, "죽어도 학교 가서 죽어라"라는 말을 듣기도 했다. 분명히 그렇게 무식하게 열심히 하는 게 정답이던 때가 있었다.

그런데 어느 순간부터 서점에 힐링, 힘 빼기, 워라밸, 쉬어가기, 마음챙김 같은 제목을 내세운 책들이 등장하기 시작했다. '칼퇴'라는 단어조차 존재하지 않던 시대가 있었는데, 이제는 일상에서 자주 쓰인다. 언젠가부터 일과 삶을 균형 있게 꾸리는 걸 지향하는 분위기가 되었다. 언론 매체에는 일을 중시하는 중년 직장인과 워라밸을 중시하는 젊은 직장인 사이에 생기는 갈등에 대한 기사가 나오고, 젊은 직장인들을 이해해 보자는 책이 베스트셀러 순위에 오르기도 한다. 분위기는 분명히 바뀌었다.

그런데 영어 교육 시장에서는 아직도 '스파르타! 빡세게! 단시간!' 같은 구호가 그대로 쓰이는 것 같다. 예전에 말하기 공부법에 대한 책을 읽은 적이 있다. 스파르타 방식으로, 아주 많은 시간을 매일 훈련하면 영어 고수가 될 수 있다는 내용이었다. 단계별로 어떤 훈련을 어느 정도 계속하면 되는지도 자세하게 나와 있었다. 이 훈련을 빠짐없이 모두 완료했을 때 자신이 어떤 사람이 되어 있을지도 생생하게 그려져 있었다.

한국의 유튜브나 대중교통에서 흔히 보이는 영어 교육 상품 광고에서는 꼭 열등감을 강조한다. 또래 아이보다 영어를 못하는 내 자녀, 동료보다 영어를 못하는 나 자신, 혹은 원어민에게 비웃음 당하는 나의 모습 등을 보여주고, 영어를 못하는 건 마치 죄라는 듯이 말한다. "너 수학 12년 공부해 놓고 근의 공식도 까먹었어?"라는 말을 들으면 별 느낌이 안 들지만, "너 영어 12년 공부해 놓고 10분 동안 영어로 대화도 못 해?"라는 말을 들으면 분한 감정이 올라온다.

열등감을 극복하기 위해 무식하게 노력하는 게 정답이던 때는 지났다. 스파르타식 훈련, 1만 시간의 법칙 등 우리가 쉽게 접하는 담론들은 아주 열심히 하면 그만한 보상이 주어진다는 걸 전제로 한다. 많은 노력을 하면 많은 보상이 주어지겠지만, 짧고 굵게 쌓아 올린 건 짧고 굵게 무너지기 마련이다. 언어를 배우는 일은 짧고 굵게 쌓아올린다고 끝나지 않는다.

언어는 본디 대상이 아니라 매개체다. 언어는 정복하거나 완성해야 할 '대상'이 아니라, 나와 다른 것 사이의 관계를 이어주는 '매개체'다. 영어를 아무리 잘한다 해도 영어로 이야기할 사람이 없거나 영어로 된 정보를 읽을 일이 없다면 의미가 없다. 비슷한 말로 언어는 목적이 아니라 수단이라는 말도 있는데, 그보다는 대상과 매개체라는 개념이 더 적절한 것 같다. 언어가 단지 수단일 뿐이라는 말은, 언어가 열어주는 새로운 세계를 너무 과소평가하니까. 언어는 아래 그림 1처럼 단순한 목적-수단의 관계가 아니라, 그림 2처럼 촘촘한 관계들을 이어주는 매개체에 더 가깝다.

영어를 연습하는 것보다 영어로 관계를 만들어나가는 게 더 중요하다. 사람만이 아니라 좋아하는 드라마, 즐겨 듣는 팟캐스트, 원어로 읽어보고 싶은 소설, 좋아하는 배우, 필요한 전문 지식, 블로그에 써보고 싶은 의견, 배우고 싶은 문화, 공부해 보고 싶은

〈그림 1〉

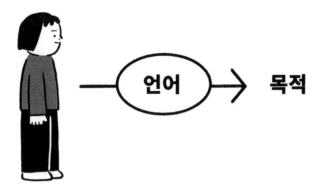

〈그림 2〉

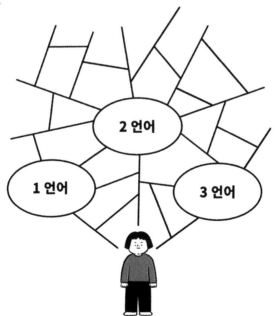

주제 등, 영어는 이 모든 것과 나를 관계 맺어줄 수 있다.

그림 2가 거미줄처럼 뻗어나가듯, 관계를 쭉쭉 확장해 나가자. 내가 갖고 있는 제1언어, 경험, 배경지식 등도 모두 자원이 된다. 가령 한때 소설《해리포터》를 원서로 읽는 것이 유행했던 적이 있다. 내용을 모른 채 처음부터 영문으로 읽으려고 하면 아마 열 살 해리가 마법학교를 향해 떠나는 장면까지 읽는 것도 어려울지 모른다. 하지만 이미 내용을 알고 있다면 인지적 부담이 훨씬 덜하다. 배경지식과 영어 지식을 엮어서, 부담을 적게 한 후 쭉 읽어나가는 편이 편하다.

영어로 관계를 확장해 나갈 때 "나는 왜 이렇게 못하지!"라고 자학하는 건 아무런 도움이 안 된다. 오전 9시에서 오후 6시까지, 9시간 이상을 회사에서 보내면서 영어 혹은 제2언어 공부에 많은 시간을 쓸 수는 없다. 그렇게 하지 못한다고 자신을 나무라고 다그칠 필요도 없다. 이제 갓 세상에 나온 아기한테 "너는 왜 4시간 이상 걷기 연습도 못 해!" 하고 마구 때리는 보호자가 있다면 당장 아동 학대로 고발해야 한다. 이제 겨우 새 세상에서 걸음마를 시작해 볼까 하는 영어 자아도 똑같다. "왜 매일 4시간 이상 공부를 못 해!" 하고 다그치면 '나 학대'밖에 되지 않는다. 내 영어 자아도 따뜻하고 소중하게 보살펴 줘야 한다. 새로운 세상 앞으로 한 발짝이라도 더 나아갈 수 있도록.

자신을 토닥이는 것보다 채찍질하고 학대하는 게 더 편한 사람들도 있다. 내 경험상으로는 타인과의 경쟁을 위해서, 혹은 위험 부담이 큰 상황에서 영어를 써온 사람들이 자신을 보살피는 일을 특히 힘들어하는 것 같다. 영어를 공부한 이유의 대부분이 더 좋은 성적, 더 좋은 대학, 더 좋은 직장에 가기 위해서였다거나, 타인의 인정을 받기 위해서였던 경우에 특히 그런 것 같다. 만족의 기준이 자신의 안에 있는 게 아니라 밖에 있으니, 그 기준을 쫓아가기 위해 자신을 채찍질해야 한다.

나 역시도 예외가 아니었다. 대학에서 영어를 처음 배우기 시작했을 때, 나는 나 자신에게 저주와 비난을 퍼부었다. 다른 동기들만큼 잘하지 못해서 너무 화가 났다. 여권도 없었고, 영어 학원도 한두 달밖에 다닌 적이 없고, 검정고시로 대학을 간 터라 고등학교 3년도 다니지도 않았으니 사실 당연한 건데도 자존심이 상했다. 자신을 채찍질해서 쫓아가려고만 했다. 외부의 기준이 뭔지도 모르는데 그 기준에 맞추려다 보니 큰 부담이 되었다. "저 애는 무엇이든지 아주 어렵게 한다"라는 말을 들을 정도로.

시간이 한참 지나서, 2021년 여름의 어느 날 학생에게 이메일을 받고 나서야 그렇게 힘들게 나를 몰아세우지 않아도 되었는데, 하고 깨달았다. 그 학생은 내가 수업 시간에 소개해 줬던 '테드(TED)'라는 강연 사이트가 마음에 들어서 하루에 한두 개씩 보면서 듣기 공부를 했는데, 전 학기와 비교했을 때 토익 점수가 120점 넘게 올랐다고 했다. 특히 읽기와 듣기 중에서 듣기 부분의 성적이 확 올랐다고 꼭 감사하다는 말을 전하고 싶었다고 했다. 따로 시험 공부를 한 게 아니라 재미있어 보이는 영상을 보면서 공부한 게 전부였는데 그렇게 점수가 올라간 거였다. 자신이 좋아하는 일을 하다 보니 자연스럽게 시험 결과도 좋아진 예였다.

그 학생의 메일을 받고 나서 몇 주 후, 내 일본어능력시험(JLPT) 결과 통지서가 날아왔다. 시험 등록은 해두었는데 학기 중에는 일본어 공부 시간을 낼 수가 없어서 '에라 뭐 될 대로 되겠지' 하는 생각으로 시험장에 가서 문제를 막 풀었다. 그 흔한 모의고사 문제집조차 다 풀어보지 못했던 터라 시험 접수비를 기부할 생각으로 갔다. 하지만 웬걸, 그동안 학교에서 이메일이나 문서가 날아왔을 때 바로 번역기를 돌리지 않고 한 번이라도 혼자 읽고 써보려고 했던 노력이 나도 모르게 쌓여 있었다. 그 덕분에 합격점을 한참 넘겨서 통과했다.

그때 알게 되었다. 자투리 시간을 쪼개고 쪼개서 괴로울 정도로 자신을 몰아붙이며 공부하지 않아도, 새 언어로 관계망을 넓혀가다 보면 알아서 좋은 결과도 따라온다는 걸. 학생은 자기 관심 분야와 테드 영상을 영어로 묶어냈고, 나는 지금까지 나-번역기-업무로 묶여 있던 관계를 나-일본어-업무로 바꾼 덕분에 이런 결과를 얻을 수 있었다.

영어 말하기라는 여정을 시작할 때는 이 두 가지를 꼭 기억하고 출발했으면 좋겠다. 언어는 대상이 아니라 매개체라는 것, 이제 막 태어나는 내 외국어 자아에게 친절해지는 것. 언어는 스파르타로 정복해야 할 대상이 아니라 나와 새로운 세계 사이에서 관계를 이어주는 매개체다. 내 말랑말랑한 영어 자아는 채찍질이 필요한 게 아니라 따스한 양육이 필요하다.

새 언어로 말하기 전에
준비해야 할 것들 2

말하기 실력을 늘리는 데 왕도는 없다. 왕도가 있다고 말하는 사람이 있다면 십중팔구는 자신이 써왔던 방법이 왕도라고 굳건히 믿고 있는 사람이거나, 금전적인 이해관계가 얽혀 있어서 특정 상품을 팔아야 하는 사람일 것이다. 조기 유학을 다녀오지 않았다거나, 사춘기 전에 영어를 배우지 않았다면 이제는 틀렸다고 말하는 사람도 있다. 사춘기 이전에 외국어를 배우지 않으면 안된다는 통념은 결정적 시기 가설에서 유래하는데, 이것이 사실로 입증되었다면 가설(hypothesis)이 아니라 이론(theory)으로 불리고 있을 텐데 아직도 가설인 상태로 머물러 있다. 제2언어 학습에서는 배우기 시작한 나이보다 해당 언어와 함께 쌓은 경험이 더 중요하다(Ortega, 2019).

"언어의 한계는 세계의 한계"라는 비트겐슈타인의 유명한 말이 있다. 그런데 이 말을 다른 각도에서 보면, 내 세계의 한계가 내 언어의 한계라는 말도 성립할지 모른다. 새로운 언어를 익히는 건 새로운 세계를 만들어가는 과정이라고 생각한다. 내가 이 언어로 세계의 경계를 쭉쭉 밀어보지 않으면, 언어의 경계도 딱 거기서 머무르는 것 같다.

일본에 처음 왔을 때는 코로나바이러스의 유행이 막 시작되고 있어서 내 세계가 집으로 한정되었다. 누군가를 만나지도 못했고 밖에 나가도 모든 가게의 문이 닫혀 있었다. 내 몸은 일본에 있었지만, 내 세계는 7평짜리 방 안이 전부였다. 그렇게 반년을 보내고 나니 몸도 마음도 만신창이가 되어버렸다. 방 밖으로 나가서 내 세계의 경계를 조금씩 밀어보아야 숨 쉬고 살 수 있을 것 같았다.

계속 집에서 밥을 해 먹기만 하다가 처음으로 식당에 갔다. 점원이 "육수 더 드릴까요?"라고 물어봤는데, 당연히 알아듣지 못했다. 여러 번 반복해 물었는데도 못 알아들어서, "more soup?"라는 영어를 듣고 나서야 더 달라고 할 수 있었다. 메뉴판을 건네받았는데 읽을 수 있는 글자가 없어서 한자를 휴대폰 사전에 하나하나 그려가면서 찾아보기도 했다. 그렇게 몇 차례를 반복하고 나니 식당은 어느 정도 불편하지 않게 갈 수 있었다.

그 이후 일본어 화상 회화 수업을 등록해서 일주일에 1시간 30분씩 미용실 회화, 옷가게 회화, 카페 회화 등을 하나씩 연습했고, 실제로 미용실, 옷가게, 카페에 가서 연습한 대로 말을 해보며 내 세계를 조금씩 넓혀나갔다. 자신감이 약간 붙고 난 이후엔 일본어로만 진행되는 취미 수업을 등록해서 아무 말 대잔치를 하며 취미도 일본어 실력도 늘려나갔다. 그 이후엔 수업, 업무, 회의 등에서도 일본어를 꽤 섞어 쓰게 되었다. 일본에 오고 나서 1년이 지났을 즈음에는 영어를 거의 구사하지 못하는 일본인과도 일대일로 만나서 몇 시간 동안 커피를 마실 수 있었다. 아직 일본어로 경험해 보지 못한 것들이 아주 많은데, 경계를 계속 밀어가면서 하나씩 더 해보려고 노력하는 중이다. 마치 아래의 그림처럼.

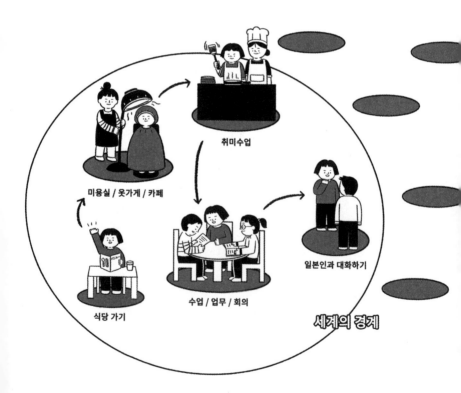

취미수업

미용실 / 옷가게 / 카페

일본인과 대화하기

식당 가기

수업 / 업무 / 회의

세계의 경계

새 언어로 말하기는 새 언어로 경험하는 세계를 늘려가는 일이다. 그러기 위해서는 너무 뻔한 말이지만 일상에 언어 학습을 녹이고, 이미 알고 있는 언어 지식에 새 지식을 엮어서 뻗어나가기를 반복해야 한다. 대상으로서의 언어 공부와, 매개체로서의 언어 사용을 함께 섞어가며 발전시킬 수 있다면 더더욱 좋다. 물론 이런 말을 하는 나 역시도 항상 실패하고, 항상 모자라고, 매일 웃기지도 않는 실수를 쌓아간다. 하지만 엄마 배 속에서 나오자마자 뛰어다니는 아기는 없듯이, 웃기지도 않는 실수를 하더라도 그러려니 하고 넘어가야 한다.

언어에 '대해' 공부할 때는 그 언어의 작동 원리를 이해해야 한다. 가령 나는 영어 말하기를 가르치게 되면 가장 먼저 한국어와 영어의 음절 형성 방식이 어떻게 다른지, 강세와 인토네이션이 무엇인지부터 설명한다. 한국어는 한 글자가 한 음절이 되지만, 영어는 몇몇의 예외를 제외하고는 대체로 소리가 나는 모음의 개수를 기준으로 음절을 센다. 예를 들어 한국어의 '브레이크'는 4음절이지만, 영어의 brake는 a를 /eɪ/로 발음하고, 끝의 e는 발음하지 않으므로 1음절이다. 손뼉을 치면서 발음해 보면 한국어 '브레이크'는 손뼉을 네 번 칠 동안 하나하나 발음하지만, 영어 brake는 손뼉을 한 번 칠 동안 전부 발음한다. 단순해 보이지만 이 조음 방식의 차이를 알아야 리듬에 맞추어 말할 수 있다. 한국어

'브레이크'가 음표가 네 개라면, 영어 brake는 음표가 한 개인 셈이다.

사전에 실려 있는 미국식 영어 발음을 기준으로 했을 때, ba-nana가 '바나나'가 아니라 '브내아느어'처럼 들리는 이유도 중간의 a가 들어가 있는 음절에 강세가 있기 때문이다. 강세를 받지 않는 음절의 모음은 '슈와(schwa, 기호 /ə/)'라고 부르는 약한 발음으로 줄어들기도 한다. banana의 경우는 첫 번째 a와 마지막 a가 슈와라는 발음으로 줄어들어서, '바' '나'가 아니라 '브' '너'에 가깝게 발음된다. 강세의 개념을 알고 있으면 똑같은 말을 들어도 강세가 어디에 있는지 주의를 기울일 수 있게 되고, 나중에 말할 때도 강세를 넣어가며 말하는 연습을 할 수 있다. 음악에 비유해 보면 banana는 음표가 세 개인데, 두 번째 음표에 강하게 치라는 기호가 붙어 있다는 걸 인지할 수 있게 된다는 것이다.

다만 위의 설명은 사전에 나오는 교과서적인 미국 영어 기준이며, 실제로는 지역과 개인에 따라 천차만별로 다르게 적용된다. 나는 캐나다 선생님에게 위의 내용을 처음 배웠는데, 이후 여러 국적의 동료들과 대화할 때마다 혼란이 찾아왔다. 이 사람은 이런 리듬으로, 저 사람은 저런 리듬으로 영어를 말한다는 걸 인지한 후에야, 서로의 리듬에 익숙해지고 편하게 대화할 수 있었다.

언어를 '대상'으로서만 공부하다 보면, 지금 공부하고 있는 표현이나 문법을 실제로 내 삶에서 쓸 수 있는지 없는지를 놓치기 쉽다. 책을 보다 보면 문법 훈련으로 'This is a pencil'을 'This is not a pencil'처럼 간단한 부정문으로 만들게 하거나, 'Is this a pencil?'처럼 의문문으로 만들게 하는 경우가 왕왕 있다. 단순한 연습으로는 좋겠지만, 우리가 정말 영어로 이런 말을 할 일이 있을까? 연필처럼 생긴 펜을 봤을 때 "Is this a pencil?"이라고 물을 수는 있겠지만, 연필은커녕 키보드로 많은 일을 해결하는 세상에서 이런 말을 쓸 일이 있기나 할까? 내가 영어로 만들어나가는 말은 내 세계를 확장해 주어야 한다. 똑같은 부정문 연습이어도 여행을 간다면 'This is not the dish I ordered(이건 내가 주문한 음식이 아닙니다)', 공부를 한다면 'This material was not uploaded to the webpage(이 자료는 웹페이지에 올라와 있지 않습니다)', 이메일을 쓴다면 'This was not on our list(이건 목록에 없었습니다)'처럼 자신과 조금 더 가까운 말을 만들어가면서 연습해 보는 게 좋다.

이렇듯 언어에 '대해' 공부했다면, 이제 언어를 '매개체'로 사용해 볼 때다. 비즈니스 발표를 하고 싶다면 그래프를 설명하는 데 유용한 표현을 구글에서 찾아본 이후 예문을 참고해서 내 발표문을 완성해 볼 수 있다. 소설을 쓰고 싶거나 감정 표현을 하고 싶다면 내게 익숙한 소설의 영어판을 찾아 한국어 표현을 영어로 어떻게 옮겼는지 살펴본 후 그 표현을 모아 표현집으로 만들 수도 있다. 영어로 서양철학을 배우고 싶다면 유튜브에 올라와 있는 학자들의 대담을 자막을 켜서 볼 수도 있고, 해외여행을 가서 새로운 친구를 만들고 싶다면 일단 국내의 교류 모임부터 나가볼 수도 있다. 새로운 언어는 내 세계를 넓혀주는 매개체다. 끊임없이 내가 관심 있는 것, 하고 싶은 것과 엮어가며 내 세계의 경계를 쭉쭉 밀어나가야 한다.

소모임으로 수업을 할 때는 학생 개개인의 목적과 흥미에 맞춰서, 학생이 영어를 통해 더 넓은 세계를 만날 수 있게끔 수업을 진행했었다. 학생이 직접 관심 있는 자료를 찾아오면 함께 보면서 공부하고, 토론하고, 직접 영어로 말하거나 글을 써보는 연습을 주어진 시간 동안 함께 했다. 내 역할은 내가 아는 지식을 단순히 학생에게 주입하는 게 아니었다. 학생의 경계를 함께 밀어주며 학생이 스스로 자신의 세계를 확장시킬 수 있도록 도와주는 것이었다.

지금은 소모임이 아니라 20명이 넘는 수업을 이끌고 있어서 모든 학생의 흥미를 맞춰줄 수는 없지만, 보통 학생이 영어로 무언가를 경험해 볼 수 있도록 준비하는 편이다. 교과서에 특산물에 대한 이야기가 나왔다면, 자신의 고향 지방자치단체 영어 홈

페이지에 들어가서 특산물을 소개하는 부분을 찾은 뒤 수업에서 발표하는 시간을 가져보기도 했고, 케이팝을 좋아하는 학생들이 많을 때는 트와이스의 〈Likey〉 뮤직비디오를 함께 본 후 가사의 내용에 대해 영어로 토론해 보기도 했다. 여행이 주제로 나왔을 때는 실제로 외국의 웹 사이트를 뒤져서 여행 계획을 세우고 조별로 공유하기도 했다. 영어 단어나 문법은 이미 중고등학교에서 열심히 배우고 왔으니, 내 수업에서는 지식이 아닌 경험을 쌓아가길 바랐다.

수능 영어 지문에서만 영어를 접해왔다면 내 영어 세계도 수능 지문에서 끝나버리는 셈이다. 지금까지 영어에 '대해' 공부해 왔다면, 이제는 영어'로' 경험할 때다. 내가 새로운 언어로 쌓은 경험만큼 내 언어의 세계도 넓어진다.

영어로 학술 글쓰기를 할 때

새로운 언어라도 말하기의 상황에서는 서로 공유하는 맥락이 많으니 내가 개떡같이 말해도 상대방이 찰떡같이 알아들어 줄 때가 있다. 여행지에서 스마트폰 화면을 띄우고 두리번거리기만 해도 다가와서 길을 알려주는 사람이 있듯이. 하지만 학술 글쓰기의 상황에서 그런 걸 기대하기는 어렵다. 내 글을 읽는 사람이 교수 하나뿐이라고 해도 교수와 내가 공유하는 맥락은 그리 많지 않은데, 불특정 다수라면 더하다. 말하기의 상황에서는 듣는 사람도 말하는 사람도 서로를 이해하려고 노력할 수 있지만, 글쓰기의 경우에는 읽는 사람보다 쓰는 사람의 책임이 더 무겁다. 아무리 찰떡같이 써도 찰떡의 반만큼도 전달되지 않을 때가 많다.

그동안 미국 대학교에서 영어 글쓰기 수업을 맡아 가르치고, 비슷한 처지의 박사과정 학생들과 글쓰기 모임을 하고, 수많은 에세이를 첨삭하거나 내가 직접 내 글을 수정하면서 느낀 것을 세 가지로 나누어 정리해 보려 한다. 첫째 생각과 글을 유기적으로 묶기, 둘째 구조를 짜고 이정표를 넣어 안내하기, 셋째 문단 안의 문장을 찰떡처럼 서로 이어 붙이기이다. 세 번째의 내용은 예전에 같은 주제로 한 강의를 구어체로 풀어 적었다.

　가장 먼저 "나는 영어 글쓰기가 안 돼"라는 말은 두 가지 층위로 나눌 수 있다. 첫 번째는 글에 담아낼 논리와 생각이 잘 정리되지 않은 경우, 두 번째는 생각은 다 조밀하게 짜여 있지만 글쓰기로 풀어내는 능력이 부족한 경우다. 생각과 말을 분리할 수 없는 것처럼 생각과 글쓰기도 완전히 분리할 수는 없지만, 적어도 "글쓰기가 안 돼"라고 말하기 전에 생각의 정리와 글쓰기 실력 중 어느 쪽이 문제인지 먼저 짚어보는 게 좋다.

　나는 보통 다음과 같은 식으로 생각을 개요로 정리한다. 관련된 자료를 모두 모으고, 나한테 필요한 부분을 찾아서 오려 붙인 후, 주제별로 정리하고 오만 메모를 휘갈겨 둔다. 그런 다음에 줄 없는 노트에 개요를 적기 시작하는데, 온갖 그림과 각양각색의 색깔을 사용하기도 하고 악필로 쓴 영어, 한국어가 마음대로 날아다니는, 나만 이해할 수 있는 개요다.

　이 개요를 가지고 글쓰기를 시작하지만, 글을 쓰는 도중에도 생각이 이리 튀고 저리 튄다. 쇼핑몰에 들어가서 자신이 필요한 것만 바로 사고 나오는 사람도 있지만, 온갖 가게를 다 들어가 본

후에 필요한 물건을 사는 사람도 있는데, 나는 후자였다. 아무리 개요를 잘 짠다 한들 그 개요대로 글쓰기가 완성되지는 않았다. 그래서 개요를 갖고 쓰기 시작하더라도, 생각이 자유롭게 흐르는 것은 막지 않았다.

그때그때 살을 붙이고 싶은 부위에 살을 붙이고 생각이 끊기는 부분이나 중요하지 않은 부분에는 '다음에 볼 것'이라는 의미의 기호를 남겨놓고 과감히 다른 부분으로 넘어갔다. & 같은 기호는 인용을 할 때 쓰일 수 있어서, 이메일 외에는 쓰지 않는 @ 기호를 주로 써서 표시했다. 얼개를 잡은 이후에는 워드 프로그램의 찾기 기능을 사용해서 @가 남아 있는 부분을 전부 수정하여 메꾼다. 그런 다음 초고를 거의 다시 쓰다시피 하며 갈아엎는 과정을 몇 번 거쳐 글을 마무리한다. 글을 쓰면서 생각이 발전하기도 하고, 또 글을 보여주고 다른 사람과 대화를 하는 과정에서도 발전하기 때문에 몇 번은 갈아엎으며 쓴다.

사람마다 선호하는 글쓰기의 방법이 다르다. 브레인스토밍을 하거나, 메모, 그림, 프리젠테이션, 표, 인포그래픽, 그래프 등을 이용해 먼저 생각을 정리한 이후에 글쓰기에 들어가는 경우도 있고, 글을 쓰면서 얼개를 잡은 이후에 글을 몇 번씩 갈아엎으면서 마치 보석 세공하듯 글을 세공해 가는 사람도 있다. 혹은 개요를 아주 꼼꼼하고 촘촘하게 짠 다음에 일필휘지로 처음부터 끝까지 쓰는 사람도 있다. 좋고 나쁜 방법이 따로 있는 게 아니라, 자신이 생각 및 글과 맺는 관계에 따라 달라지는 것이다. 중요한 건 생각을 글로 풀어내고, 글로 정리된 생각을 다시 돌아보며 글을 점차 다듬어나가는 것이다.

이제 본격적으로 영어 학술 글쓰기의 구조를 살펴볼 차례다. 한국어 글쓰기에도 서론, 본론, 결론이 있듯이, 영어 에세이 쓰기에도 항상 서론, 본론, 결론이 있고 서론과 결론은 서로 데칼코마니 같은 구조를 이룬다. 보통 서론은 깔때기처럼 넓게 시작해서 점점 좁혀가면서 글의 주장을 향해 나아간다. 결론은 깔때기를 뒤집어 놓은 모양으로 글의 주장을 다시 짚어준 다음에 글이 갖고 있는 넓은 함의를 소개하며 끝난다. 상상이 어렵다면 아래 그림처럼 구조를 직접 그려보는 것도 좋다. 아래 그림은 최근에 작업하고 있는 논문의 구조를 대강 그려본 것이다. 서론은 넓은 질문부터 시작해서 연구 문제로 범위를 좁혔다. 본론에서는 연구에서 사용한 개념 두 가지를 소개하고, 어떻게 데이터를 모으고 분석했는지를 서술한 후에, 개념 1과 결과 1이 이어지고 개념 2와 결과 2가 이어지도록 썼다. 이후 이 연구가 다른 연구 및 실생활과 어떤 식으로 연결될 수 있는지 논의를 전개하고 결론을 지으며 마무리했다.

구조는 원하는 대로 잡으면 되지만, 전체적으로 보았을 때 모

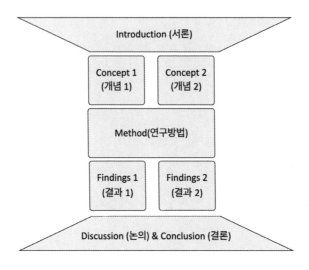

양이 제대로 잡혀 있는지는 꼭 확인해야 한다. 개념 1을 써서 결과 1을 설명해야 하는데, 개념 1과 개념 2가 갑자기 같이 나온다거나, 등장하지도 않았던 개념 3이 튀어나오거나, 결과에 기반해 있지 않은 내용이 논의에 등장할 수는 없다. 삐죽삐죽 삐져나온 게 있다면 잘라내고 다듬어야 하고, 순서대로 쓰여 있지 않은 게 있다면 바로잡아야 한다.

구조를 다 잡았다면 또 생각해 봐야 할 것이 이정표(signpost)다. 서론이나 결론을 까먹고 쓰지 않는 사람은 없지만, 이정표가 없는 글은 수두룩하게 많이 보인다. 이정표는 이 글이 어떻게 짜여 있는지 독자에게 안내하는 역할을 한다. 먼저 무엇을 이야기할 것이고, 그다음에는 무엇이 있고, 마지막에는 무엇이 있는지,

그리고 이걸 통해서 내가 말하고자 하는 게 무엇인지 등의 내용을 친절하게 안내해 주어야 한다. 영어 논문이나 에세이를 보면 이정표는 주로 서론의 끝 부분과 각 섹션의 시작 부분에 있다. 이 글의 두 번째 문단 역시도 이 글의 짜임새를 설명해 주는 이정표의 역할을 한다.

개별 단락 하나하나의 문장 구성도 유의해야 한다. 토플이나 IELTS 학원에 가면 가장 먼저 주제 문장(topic sentence), 뒷받침 문장(supporting sentence), 마무리 문장(concluding sentence)에 대해 가르친다. 모든 문단은 항상 두괄식이어야 하며, 주제 문장에 말하고자 하는 내용을 간결하게 담아야 하고, 나머지 문장은 모두 주제문을 뒷받침해야 하며, 마지막 문장은 그 문단에서 말했던 것을 모두 갈무리해야 한다고 설명한다. 쉽게 말하면 이 문단이 찰떡인지 콩떡인지 팥떡인지 시루떡인지를 가장 앞에 적어달라는 뜻이다. 하나의 문단에는 하나의 아이디어가 있어야 하고, 그 아이디어는 두괄식으로 제시해야 한다. 떡을 만든 이후 포장지에 '이것은 찹쌀떡입니다'라고 써주어야 한다.

말은 쉽지만 실천은 어렵다. 실제로 에세이를 받아보면 그 문단에서 가장 하고 싶은 말이 문단의 끝에 있는 경우가 다소 많다. 먼저 A를 쓰겠다고 생각한 게 아니라, 쓰다 보니 A가 생각난 경우다. 혹은 개요를 촘촘히 짜고 시작했지만 글을 쓰면서 생각을 풀어가기 때문에 개요를 짤 때는 몰랐던 걸 글을 쓰면서 깨닫게 되고 맨 마지막에 생각의 핵심이 오게 된 경우일 수도 있다. 초안은 그렇게 두더라도, 글을 수정할 때는 문단 안에서 가장 중요한 문장에 밑줄을 친 후에 첫 문장으로 올려야 한다. "이것은 찰떡입니다"라는 표지가 팥 앙금 속에 숨어 있어서는 안 된다.

한 문단의 모든 문장이 찰떡처럼 딱 붙어 있기 위해서는 영어 단락 안의 한 문장 한 문장이 어떻게 이어지는지를 알아야 한다. 문단을 구성하는 방법은 아주 많지만, 가장 기본적인 개념은 문단 안에서 구정보와 신정보를 엮는 것이다. 이런 개념어를 쓰면 아무래도 어렵게 느껴지니, 예전에 글쓰기 강연을 할 때는 유아용 블록 놀이 장난감을 사서 직접 예시를 보여주며 설명했다. 아래의 내용은 라센프리먼과 셀스머시아(2015)를 참조하여 구성했다.

여러분, 블록이 서로 붙어 있는 게 보이시죠. 블록이 붙기 위해서는 어떻게 해야 하나요? 한 블록이 다른 블록에 연결되어야 합니다. 똑 떨어져 있으면 아무리 연결하려고 해도 할 수가 없어요. 이 블록에는 여섯 개의 홈이 있네요. 적어도 한 개 이상이 다른 블록과 붙어 있지 않으면 연결할 수가 없습니다. 문단의 경우도 똑같습니다. 이전 내용과 다음 내용이 이어져야 합니다.

다만 주의할 점이 있습니다. 영어 문단은 일반적으로 이미 독자가 알고 있는 정보를 앞에, 새로운 정보를 뒤에 배치합니다. 블록의 끝 부분이 그다음 블록의 시작 부분이 되는 것처럼요. 이렇게 구정보와 신정보를 반복하면서 쌓아가요.

예를 들어 봅시다. 'Over the summer, I moved to Minneapolis and volunteered at a center for new immigrants(여름 동안, 나는 미니애폴리스로 이사해서 새로운 이민자를 위한 센터에서 자원봉사를 했다)'라는 문장이 있어요. 이 뒤에 올 내용으로 어떤 문장이 더 어울릴까요? 다음 두 개의 문장은 같은 의미예요.

1) 'When I first went to the center, I was assigned to teach Somali immigrants who were not literate even in their first language.(내가 그 센터에 처음 갔을 때, 나는 제1언어로도 글을 읽거나 쓸 수 없는 소말리아 이민자들을 가르치는 일을 맡았다.)'

2) 'I was assigned to teach Somali immigrants who were not literate even in their first language when I first went to the center. (나는 제1언어로도 글을 읽거나 쓸 수 없는 소말리아 이민자들을 가르치는 일을 맡았는데, 내가 그 센터에 처음 갔을 때였다.)'

둘 중 어느 문장이 더 매끄럽게 이어질까요? 첫 문장에서 '센터'라는 정보가 주어졌으니, '센터'로 시작하는 문장이 더 매끄럽게 이어집니다. 'When I first went to the center'가 구정보, 'I was assigned to teach Somali immigrants who were not even literate in their first language'가 신정보니까 첫 번째 문장이 더 매끄럽습니다.

아래 두 문단을 비교해 보세요. 두 문단 모두 담고 있는 정보는 같습니다. 그러나 정보의 배치에 따라서 독자가 정보를 얼마나 매끄럽게 받아들일 수 있는지가 달라집니다.

Over the summer, I moved to Minneapolis and volunteered at a center for new immigrants. When I first went to the center, I was assigned to teach Somali immigrants, who were not literate even in their first language. To improve their literacy skills, I taught them how to hold a pencil and used big gestures to explain the meanings in the textbook. (여름 동안, 나는 미니애폴리스로 이사해서 새로운 이민자를 위한 센터에서 자원 봉사를 했다. 내가 그 센터에 처음 갔을 때, 나는 제1언어로도 글을 읽거나 쓸 수 없는 소말리아 이민자들을 가르치는 일을 맡았다. 그들의 문해력을 향상시키기 위해, 나는 어떻게 연필을 잡는지 가르쳤고 교과서의 의미를 설명하기 위해 크게 몸짓을 했다.)

Over the summer, I moved to Minneapolis and volunteered at a center for new immigrants. I was assigned to teach Somali immigrants who were not literate even in their first language when I first went to the center. I taught them how to hold a pencil and used big gestures to explain the meanings in the textbook, <u>to improve their literacy skills.</u> (여름 동안, 나는 미니애폴리스로 이사해서 새로운 이민자를 위한 센터에서 자원 봉사를 했다. 나는 제1언어로도 글을 읽거나 쓸 수 없는 소말리아 이민자들을 가르치는 일을 맡았는데, <u>내가 그 센터에 처음 갔을 때였다.</u> 나는 어떻게 연필을 잡는지 가르쳤고 교과서의 의미를 설명하기 위해 크게 몸짓을 했는데, <u>그들의 문해력을 향상시키기 위함이었다.</u>)

위의 두 문단에서 밑줄을 그은 부분이 구정보, 즉 앞 문장에서 이미 나온 정보입니다. 첫 번째 문단과 같은 식으로 이전 내용과 다음 내용이 이어져야 합니다. 구정보가 앞에 오고 신정보는 뒤에 오는 거예요. 구정보와 신정보를 이렇게 묶어가면 됩니다. 블록 놀이에서 적어도 블록의 홈 하나는 다른 블록에 붙어 있어야 하잖아요? 안 그러면 무너집니다.

그런데 여러분 제가 왜 블록을 제 돈 주고 사서 갖고 왔을까요? 블록은 이렇게 이어서 모양을 만들 수 있기 때문이에요. 블록의 비유로 기억하시는 편이 좋겠습니다. 구정보와 신정보를 이어서 문단을 만든다. 문단 맨 앞과 뒤에는 주제 문장과 마무리 문장을 붙여준다. 문단은 이 블록들처럼 원하는 모양으로 만들면 된다. 끝입니다.

찰떡같이 써야 찰떡같이 전할 수 있다. 단순히 한국어 문장을 영어로 옮기는 게 영어 글쓰기의 전부가 아니다. 영어 글쓰기는 내가 전하려고 하는 생각의 배경과 맥락을 거의 모르는 사람들과도 시공간을 뛰어넘어 대화하기 위한 수단이다. 생각을 치밀하게 정리하고 개요를 짜서, 깔끔한 구조로 문단을 배치하고, 문단 안의 문장을 촘촘하게 엮어야 한다.

번역기라는 문제

일본에 오자마자 없어서는 안 될 스마트폰 어플리케이션이 생겼다. 구글번역과 파파고였다. 한자의 경우 중학교 때 억지로 배운게 전부여서 1부터 10까지, 동서남북 상하좌우를 알아보는 정도가 내 한계였다. 이 실력을 가지고 일본어를 읽을 수 있을 리가 없었다. 정체 모를 서류와 고지서가 계속 집으로 날아오는데 이게 무엇인지도 알 수가 없었다. 계속 번역기 앱을 이용해 사진을 찍어다가 확인해야 했다. 아 이게 이런 뜻이었구나. 해외여행 가서 번역기 쓰는 사람들의 마음이 이런 거였구나. 전혀 모르던 세계의 메시지를 겨우 한두 개씩 이해할 수 있게 되었다.

처음 반년 정도는 번역기를 끼고 살았는데, 계속 이러다가는 죽도 밥도 안 될 것 같았다. 나는 여기서 계속 살아가야 하는데 매번 번역기 앱만 붙들고 있을 수는 없는 일이었다. 조금이라도 좋으니 직접 읽어보고 틀려보고 답을 맞춰봐야 실력이 늘 것 같았다. 그 이후로는 번역기를 자제하고, 인터넷 브라우저의 자동 번역 기능도 꺼버렸다. 그 대신 사전을 꺼내 들어서 한자를 하나하나 그려보고 맞춰봤다. 일부러 초등학생용 신문을 구독해서 읽었고, 중학생용 책을 사서 느려도 좋으니까 한 장씩 읽기도 했다. 그러다 보니 어느 순간부터는 번역기 없이도 일본어로 쓰인 글을 보고 대강 어떤 내용인지 정도는 파악할 수 있게 되었다. 여전히 잘 읽지는 못하지만, 생활하는 데 큰 불편함은 없다.

번역기와 거의 이별했다고 생각했는데 예상치 않은 곳에서 번역기를 다시 만났다. 대면 수업을 재개하고 보니 일본 학생들이 내가 쓴 강의 노트나 활동지를 번역기로 번역하곤 했고 심지어는 에세이 과제도 번역기로 번역해서 내기도 했다. 비대면 수업을 할 때는 이 정도라고 생각하지 못했는데, 대면 수업을 시작해보니 번역기를 안 쓰는 학생이 거의 없을 정도였다.

대부분의 언어 수업에서는 번역기를 금지하고, 심한 경우에는 부정행위로 취급해서 시험이나 과제를 0점 처리하기도 한다. 하지만 나도 번역기와 함께 살아가고 있고, 번역기를 통해 새로운 단어를 많이 배우고 있는 입장에서 이 유용한 도구를 완전히 금지하고 싶지는 않았다. 말을 하고 싶은데 어떻게 말을 해야 할지 몰라서 답답해하는 심정이 어떤 건지 절절히 공감하기 때문이다.

그런데 처음 한두 학기에 학생들의 에세이를 받아보고 나서는 문제가 심각하다는 걸 깨닫게 되었다. 자신이 문장을 만들어보다가 잘 안 되어서 한두 문장 정도를 번역기로 돌려보는 게 아니었다. 에세이 전체를 번역기로 돌려서 제출했기 때문에 글만 읽어서는 무슨 말을 전달하고 싶은 건지 전혀 이해할 수가 없었다. 에세이를 한 땀 한 땀 직접 쓴 학생들은 표현이 아무리 어색해도 무슨 말을 전달하고자 하는지는 알 수 있었고, 그 메시지를 전달하려면 이런 표현을 쓰는 게 더 좋다고 내가 다시 알려줄 수 있었다. 하지만 번역기를 쓴 학생들은 무슨 말을 하고 싶어 하는지도 전혀 알 수 없었다. 예를 들어 일본어는 영어와 달리 대명사의 성을 구분하지 않기 때문에, 번역기를 돌리면 he와 she가 일관성 없이 섞여서 나타난다. 이런 에세이를 받아서 피드백과 채점을 하고 있으면 내가 도대체 이걸 왜 하고 있는 건지 알 수가 없었다. 내가 지금 학생에게 피드백을 주고 있는 건지 아니면 기계학습 기술에 피드백을 하고 있는 건지 헷갈렸다.

　나도 새로운 언어를 배우는 입장에서 학생들의 답답함에 공감했지만, 동시에 내가 처음 산수를 배웠을 때가 떠올랐다. 언어를 처음 배울 때 번역기에 의존하는 건, 정확도가 떨어지는 계산기로 산수를 처음 배우는 것과 비슷하다.

　유치원에 다닐 때였다. 공책에 선생님께서 두 자릿수 덧셈 뺄셈을 열 문제 써주셨다. '15+18', '32−16'처럼 받아올림, 받아내림이 있는 문제도 꽤 있었다. 손가락 발가락을 전부 동원해도, 20이 넘어가는 덧셈 뺄셈은 답을 알 수가 없었다. 머리를 막 굴려서 숫자를 적어냈고, 당연하게도 10문제 중에 2문제도 맞는 날이 없었다. 틀렸다고 혼나지는 않았지만, 잘 해내지 못하는 게 슬펐다. 옆에 있는 다른 친구는 잘 해내서 선생님 칭찬을 받는데. 에이 뭐 나는 안 되는 애인가 봐, 하고 아주 어렸던 시절부터 생각했다.

수학 학습지를 할 때도 그랬다. '5+8'을 계산하기 위해서 손가락과 발가락을 다 동원해 세어봐야 했다. 학습지 한 페이지를 꽉 채운 수학 등식이 너무 숨 막혔다. 손가락 여덟 개, 그리고 발가락 다섯 개, 합쳐서 세면 열세 개. 하나하나 세는 게 너무 힘들었다. 계속 학습지를 숨기고 싶었고, 잃어버렸다고 발뺌하고 혼나기 바빴다. 그럼 어떡해, 수학은 너무 어렵고 재미없는 걸. 왜 손가락 발가락 세기를 반복해야 하는지 알 수가 없었다.

그러다가 초등학교에 입학했더니 웬걸, 선생님께서 칠판에 숫자를 하나하나 적어가며 받아올림과 받아내림을 설명해 주셨다. 1의 자리 숫자끼리 더한 다음에 10이 넘으면 10의 자리에 1을 적어서 10의 자리끼리 더하기, 1의 자리의 숫자끼리 뺄 때 숫자가 모자라면 앞의 10의 자리 숫자에서 10을 빌려오기. 머릿속에 전구가 켜지는 느낌이었다. 아! 10을 빌려올 수도 있구나! 그런 다음에 빼면 되는구나! 받아올림과 받아내림을 쓸 수 있게 되고부터는 두 자릿수의 덧셈 뺄셈이 하나도 두렵지 않았다. 오히려 아빠에게 문제를 내달라고 해서 풀기도 했다. 개념을 알고 나니 모든 게 새롭게 보였다.

우리는 목적을 해결하기 위해서 도구를 쓴다. 물리적으로도 그렇지만 심리적으로도 그렇다. 받아올림 받아내림이라는 심리적 도구 없이는 두 자릿수의 덧셈 뺄셈을 할 수가 없다. 영어도 마찬가지다. 새로운 언어는 새로운 심리적 도구이고, 새로운 도구를 사용하는 데 익숙해질 때까지는 시간이 든다.

기계번역을 사용하는 건 마치 받아올림 받아내림을 아직 쓰지 못하는 아이에게 가끔 틀리는 계산기를 쥐어주는 것과 비슷하다. 계산기만 있으면 누구든지 두 자릿수 연산은 물론, 훨씬 더 복잡한 연산도 할 수 있다. 하지만 아이는 연산 결과가 왜 이렇게 나오는지 모르고, 계산기 없이 혼자서 연산을 할 수도 없다. 연산을 할 수 있는 심리적 도구가 없거나, 있다 해도 사용하는 방법을 모르기 때문이다. 결과가 나오기는 하지만, 결과가 맞는지 아닌지 판단할 수 있는 능력이 없는 것이다.

기계번역 역시 자신이 그 문장을 만들 수 없는 단계에서 쓰게 되면, 편할 수는 있지만 자신의 발전에 그리 도움이 되지는 않는다. 왜 이런 문장이 나오는지 짚어보고, 말이 되는 문장인지 아닌지 점검할 수 없기 때문이다.

언어는 일대일로 대응하지 않는다. 예를 들어 일본어에는 '동경하다(憧れる)'라는 표현이 있는데, 어떤 이상에 강하게 마음이 끌리는 걸 뜻한다. 한국어의 '동경하다'보다는 뜻의 폭이 넓다. 영어로 이 개념을 표현할 때는 정확한 번역어가 없어서 '동경하다'의 일본어 발음인 akogare로 음차해서 사용하기도 한다. 영어 사전에서 '동경하다'를 검색하면 여러 가지 영단어가 나오고 그중에서 하나를 골라 사용할 수 있지만, 구글 번역기에 단어를 넣으면 longing이라는 단어 하나밖에 나오지 않고 화살표 버튼을 눌러야 다른 단어들을 볼 수 있다. 작은 인터페이스 차이 같지만, 초중급 레벨의 학생에게는 치명적이다. 마치 '동경하다'라는 단어가 영단어 longing과 일대일로 대응하는 듯한 느낌을 준다. 쉽고 자주 쓰이는 단어일수록 의미의 폭은 넓어서, 적당한 의미를 가진 단어를 선택하는 과정을 꼭 거쳐야 정확한 표현을 연습할 수 있다.

몇 학기의 실패를 거치고 난 이후부터, 학생들이 번역기를 쓸 유인이 적도록 수업을 다시 디자인했다. 일영사전으로 먼저 단어의 의미를 설명한 후에, 유의어 사전(thesaurus, https://www.thesaurus.com)과 일영사전을 함께 써서 비슷해 보이는 단어 간의 차이를 알아보았다. 연어를 보여주는 웹 사이트(https://skell.sketchengine.

co.uk/run.cgi/skell)를 통해 단어를 어떻게 사용할 수 있는지 연습해 보는 시간도 가졌다. 이런 사전 준비를 한 이후 일영사전, 유의어 사전, 연어 웹 사이트를 모두 활용해 에세이를 쓰게 했다. 학생들이 초고를 다 쓴 후에는 온라인에서 가입 없이 쓸 수 있는 문법 체크 도구(https://quillbot.com/grammar-check)를 써보게 한 후 자신의 문법이 맞는지, 도구가 알려준 게 맞는지를 판단해 보게 했다. 그런 다음 마지막으로 문장 다듬기(paraphrasing) 도구(https://quillbot.com)를 사용해서, 자신이 원래 썼던 표현과 도구가 알려준 표현을 비교해 보고 자신이 의도했던 의미를 가장 알맞게 전달해 주는 표현을 고르는 작업까지 거쳤다.

기계번역도, 내가 수업에서 쓰는 도구도, 모두 비슷한 원리를 기반으로 한다. 하지만 문제집을 통해 계산을 하나하나 배우는 것과, 한번에 계산기로 답을 내는 건 다르다. 받아올림과 받아내림을 처음 배울 때 어려웠던 것처럼 영어로 한 땀 한 땀 의미를 지어가는 것도 어렵다. 최근에는 번역기를 포함해 학습을 도와주는 도구들이 많이 나와 있다. 이런 도구들을 적재적소에 사용해 보면서 실력을 쌓아나가면 좋지 않을까.

언어와 함께

외국어를 가르치는 친구와 전화 통화를 하고 있을 때였다. 그 친구는 70명이 넘는 반을 온라인으로 가르치고 있는 터라 강의식으로 수업을 진행하고 있었고, 얼마 전에는 기본 문형을 가르쳤다며 이것저것 이야기를 해주었다. '정도' '만큼' 같은 초급 문법을 가르치고 있고 예문으로는 이런 문장을 쓰고 있다고. 한참 동안 대화하고 나서 전화를 끊은 후 생각했다. 그러고 보니 나도 외국어를 가르치는 사람인데 강의식으로 수업한 적이 거의 없네, 하고.

항상 적으면 6명, 많으면 20명 정도의 수업을 담당했다. 시험 대비 수업은 한 적이 없고 보통 글쓰기나 말하기처럼 결과물이 나오는 수업이었다. 배정받은 강의실도 거의 다 움직일 수 있는 의자와 책상이 있던 곳이라, 학생 두세 명이 함께 모둠을 이뤄 학습활동을 하거나, 다른 모둠과 토론하거나, 수업 안에서 발표하는 식으로 수업이 진행되었다. 내가 두 시간 내내 떠들 일은 많지 않았다. 대신에 계속 모둠 사이를 돌아다니면서 활동을 도와야 했기 때문에, 두 시간 수업이면 거의 교실을 30바퀴는 돌곤 했다. 그래서 수업을 한 번 하고 나면 체력이 부족해져서 민트맛 초콜릿을 입에 물고 한동안은 엎어져 있었다. 그러다 어느 날 문득 민트 초콜릿을 입에 물고 몸에 당분이 돌기를 기다리다가 생각했다. 나는 왜 이렇게 빙빙 돌면서 수업을 하고 있을까? 이렇게 힘든데.

해답은 생각하지 못한 곳에서 얻을 수 있었다. 최근 취미로 광둥어를 배우기 시작했고, 매일 아침밥을 먹으면서 인터넷 강의를 듣고 있다. 물론 아직 "안녕하세요 저는 버스를 탔어요" 정도를 연습하는 수준이라서 배우기 시작했다고 말하기도 민망할 정도다. 아직 이 언어에 대해서는 거의 아는 게 없고, 순수하게 취미로만 배우고 있어서 그냥 인터넷 강의 강사님이 꼭꼭 씹어서 전달해 주는 지식을 따박따박 얻어먹으며 따라하기만 하고 있다. 어느 날 아침밥으로 미역국을 먹으며 "나는 딤섬을 좋아해요"를 따라하다가 깨달았다. 아, 나는 지금 이 언어에 '대해' 배우고 있구나.

언어에 '대해' 배우기, 언어'로' 무언가를 하기, 언어'와' 함께 내 경험을 만들어가기. 언어 학습에 이런 단계가 있다면 내 광둥어는 제일 첫 번째에서 전혀 나아가지 못했다. 이제 겨우 한 달 넘게 배운 언어인데 이걸 가지고 뭘 한다면 분명 욕심일 거다. 일본어로는 무엇이든 수월히 할 수 있다. 수업도 할 수 있고, 발레 수업도 들으러 갈 수 있고, 친구들과 전화도 할 수 있으며, 웬만한 서류 처리도 가능하다. 또 영어와 한국어로는 생각과 경험을 만들어갈 수 있다. 내 사유 활동이 영어와 한국어로 동시에 빚어지는 것 같다. 학술적인 생각을 할 때는 영어로, 감정을 풀어낼 때는 한국어로. 이 두 언어는 내가 머릿속에서 하는 생각, 느끼는 감정과 떼려야 뗄 수가 없다. 내 경험과 생각을 만들어가는 언어들이니까.

전화 통화를 했던 그 친구는 언어에 '대해' 가르치고 있었다. 반면 나는 언어'로' 무언가를 할 수 있도록 가르치고 있었다. 언어에 '대해' 가르치는 건 가장 초급 단계에서는 꼭 필요하다. 언어에 대해 아무것도 모르면 언어로 아무것도 만들어나갈 수 없다. 친구가 가르치는 학생들은 해당 언어를 접한 경험이 거의 없었기 때문에 꼭 언어에 대해 알아야 했다. 반면 내가 가르치는 학생들은 이미 영어를 중고등학교에서 어느 정도 배웠고 일본 내의 영어 시험 점수도 가지고 있었다. 그러니 영어로 무언가를 해볼 수 있도록 영어로 해내야 하는 과제를 주었고, 학생들이 성취할 수 있도록 옆에서 계속 도와야 했다. 모든 학생을 도와주려면 교실을 몇십 바퀴는 돌아다녀야 하니까 매 수업이 끝날 때마다 꼭 민트초콜릿이 필요했던 거고.

초급, 중급, 고급 같은 뭉뚝한 구분은 사실 크게 의미가 없는 거 아닐까. 고급이라고 한들 그 언어로 아무것도 하지 못하는 사람도 많고, 초급이라고 해도 온갖 용기와 자원을 활용해 무언가를 해내는 사람도 많다. 그보다 더 중요한 건 내가 언어에 '대해' 배우고 있는지, 언어'로' 무언가를 해보고 있는지, 언어'와' 함께 내 경험을 만들어가고 있는지 돌아보는 게 아닐까. 그러고 나서야 나의 어느 부분이 부족한지, 앞으로는 무엇에 더 집중하고 싶은지를 알 수 있지 않을까. 마치 260쪽의 그림처럼.

흔히들 영어 말하기가 어렵다고 한다. 이 말 속에는 온갖 의미가 담겨 있다. 배운 기간은 길지만 말하기에는 자신이 없다거나, 수능과 토익 등 시험 위주의 공부만 해와서 말을 해볼 기회가 없었다거나. 좀 더 본질적인 이유는 계속 영어에 '대해' 배워왔기 때문이 아닌가 싶다. 영어를 배워서 무엇을 하겠다는 것보다, 영어를 배우는 것 자체가 목적이 되어서 그렇다. 맨 위의 그림처럼.

동시에 "영어는 도구일 뿐이다"라는 말 역시 자주 들린다. 의사소통의 도구, 성적 향상의 도구, 대학 입시의 도구, 승진의 도구 등등. 영어는 도구일 뿐이니까 영어를 공부하는 게 아니라 영어로 무엇을 해야 할지 생각해야 한다는 주장이다. 영어 실력은 기본이고, 영어로 전달할 수 있는 자신의 콘텐츠나 능력이 더 중요하다고 한다. 중간의 그림에 해당하는 말이다. 언어를 도구로 써

서 언어'로' 무언가를 해볼 수 있는 단계이니까. 다 맞는 말이지만,

하나의 질문을 덧붙이고 싶다. 과연 언어가 단순히 도구이기만

할까?

　비고츠키 심리학에 '결과를 위한 도구 방법론(tool-for-result

methodology)', '도구와 결과의 방법론(tool-and-result methodology)'

이라는 개념이 있다(Newman & Holzman, 2014). 전자는 중간의 그림을 보면 이해하기 쉽다. 그러나 맨 아래 그림에서는 나와 도구가 함께 결과를 만들어가는 모습을 볼 수 있다. 이는 단지 도구를 사용해서 결과를 만들어내는 것과는 약간 다르다.

우리는 사고와 행위를 하기 위해 언어가 꼭 필요하다. 우리가 언어로 만들어낸 결과는 언어로부터 분리할 수 없다. 예를 들어 같은 내용을 영어로 발표할 때와 일본어로 발표할 때 내 행동 방식은 달라진다. 영어로 한다면 밝은 목소리로 인사하고, 행복한 표정을 짓고 커다란 몸짓을 섞어가며 말하겠지만, 일본어로 한다면 정중하게 고개를 90도 숙인 다음에 정제된 언어를 구사하며 정돈된 몸짓으로 말할 것이다. 똑같은 이메일을 쓸 때도, 영어라면 "Hello, greetings from Japan!(안녕하세요, 일본에서 인사드려요!)" 같은 밝은 인사를 하겠지만, 일본어라면 항상 "お世話になっております(언제나 신세 지고 있습니다)"라는 인사로 시작할 것이다. 한국어나 일본어의 "신세 지고 있습니다"를 영어로 옮기려고 해도 그 느낌을 그대로 전달하기 어렵다. 비슷한 표현이 없으니까.

내가 느끼는 감정 역시도 어떤 언어로 표현하는지에 따라 다르게 인식된다. 단순히 외국어를 잘 못해서 내 감정을 전달하지 못하는 것과는 다르다. 한국어에는 "죽을 거 같다", "노예처럼 사람을 갈아서 일한다", "참을 인자 셋이면 살인도 면한다", "무대 찢었다"처럼 세고 극단적인 표현이 많다. 여기에 익숙해져 있다가 다른 언어로 이런 관념을 전하려고 하면 잘 표현이 되지 않는다. 물론 이런 표현이 외국어에 없는 건 아니지만, 내가 이미 한국어로 관념화한 감정을 다른 언어로 표현하는 건 어렵다. 내가 만들어낸 결과, 즉 감정의 표현으로서 나온 말은 내가 사용한 언어와 분리해 생각할 수 없다.

이 세 가지의 그림이 무 자르듯 딱딱 나뉘거나, 초급, 중급, 고급 단계를 나눠 설명하는 건 아니다. 역설적으로 언어에 '대해' 가장 많이 공부하는 사람은 그 언어에 통달한 언어학자들이고, 가장 적극적으로 언어'와' 함께 경험을 만들어가는 건 제1언어를 막 배우는 아이들이다. 청소년 혹은 성인은 이미 경험을 제1언어로 말할 수 있고 그걸 제2언어로도 바꿀 수 있지만, 아이들은 경험을 언어로 표현하는 것 자체가 처음이기 때문이다. 따라서 앞에 나온 세 그림은 내가 지금 배우고 있는 언어와 주로 어떤 관계를 맺고 있는지 알 수 있게 해준다. 첫 번째 그림의 비중이 많은지, 두 번째 혹은 마지막 그림의 비중이 많은지. 어떤 부분을 더 늘려나가고 연습하고 싶은지.

요리를 하려면 일단 식칼 쓰는 법부터 배워야 한다. 손을 다치지 않도록 재료를 쥐는 법부터 시작해서 손목에 하중이 덜 걸

리도록 식칼을 잡는 법도 배워야 한다. 그런 다음에야 식칼로 식재료를 썰어서 요리를 만들어낼 수 있다. 그 후에 오랫동안 요리를 계속하다 보면 무심코 식칼로 무언가를 써는 동작을 하고 있다거나, 가위로 뜯을 비닐을 식칼로 뜯거나, 마늘을 빻을 때 보통 사람처럼 식칼 자루로 쫑쫑쫑 다지는 게 아니라 넙대대한 중국 식칼로 내려쳐서 단숨에 끝내는 등, 식칼이 너무 편해진 나머지 오히려 식칼에 내 행동이 영향을 받는 게 느껴진다. 식칼에 맞춰 내 행동이 변화하고 이렇게 만들어낸 결과는 식칼과 뗄 수가 없다.

언어의 경우도 마찬가지다. 언어에 '대해' 배우기, 언어'로' 무언가를 해보기, 언어'와' 함께 만들어가기. 언어에 '대해' 배우는 건 아무래도 우리에게 친숙하다. 각종 언어 교재, 온라인 강의, 교육 상품 등이 넘쳐나니까 시간과 동기만 있다면 언어에 '대해' 배우기는 쉽다. 언어'로' 무언가를 해보는 경험은 자신이 적극적으로 기회를 찾아야 한다. 꼭 읽고 싶었던 책을 원서로 읽어보거나, 소위 말하는 덕질을 원어로 해보거나, 다른 언어를 쓰는 친구를 만들거나, 강의식이 아니라 프로젝트 혹은 체험형으로 진행되는 수업을 수강하는 방법이 있다. 경험이 쌓이면 쌓일수록 언어'와' 함께 무언가를 해나가게 되고 삶에서 그 언어를 뗄 수가 없게 된다. 무심코 제2언어로 혼잣말을 한다거나, 내 행동 양식이 그 언어에 맞게 바뀌어 나가기도 한다. 언어는 단순한 기술이나 도구로 축소될 수 없다. 단순한 도구라고 하기에는 우리의 사고와 행동이 언어에 너무 많은 영향을 받고 있기 때문이다. 언어가 나를 바꾸어가고, 내가 하는 행동과 언어는 뗄 수 없는 사이가 된다.

그렇다면 내가 사용하는 언어는 나와 어떤 관계를 맺고 있는 걸까? 그리고 내가 듣고 있는 영어 수업은 앞선 세 가지 그림 중에 어떤 방식으로 나를 가르치고 있는 걸까?

새로운 건 언제나 틈 사이에서 생겨납니다. 이미 편안한 상태, 잘 정립된 토대 위에서는 새로운 것이 생겨나기 어렵습니다. 무언가 불편한 것이 있고, 불편함을 설명하고 싶고 해결하고 싶을 때, 비슷한 불편함을 겪었던 사람들을 찾아가게 되고, 의논하게 되면서 새롭게 무언가를 알게 됩니다.

　이 글은 이십 대에서 삼십 대가 되면서, 대학원생에서 교수가 되면서, 미국에서 일본으로의 인생 두 번째 이주를 경험하면서, 또 2언어자에서 3언어자가 되면서 썼습니다. '미국 대학교 박사' 및 '한영 이중언어자'라는 편한 정체성과, '현지어를 능숙하게 구사하지 못하는 젊은 외국인 여자'라는 불편한 정체성을 동시에 이고 살아가면서 고군분투한 내용입니다. 한국과 미국과 일본, 한국어와 영어와 일본어, 그리고 저를 둘러싼 수많은 이름 사이에서 길을 잃은 기분이었습니다. 어느 한 군데도 속하지 못한 채, 계속 주변부로 밀려나는 느낌이었습니다.

그런데 이 틈 사이에 서보고 나서야 경험할 수 있는 게 있었습니다. 일본으로 이주하지 않고 미국에서 계속 살고 있었다면, 언어 학습 초보의 눈물나는 감정에 대해 써내기는 어려웠을 겁니다. 10대 시절 베트남에서 온 언니와 함께 가족을 이뤘던 경험이 아니었다면, 세계화나 다문화에 대한 친밀한 글을 써내기는 어려웠을 겁니다. 비원어민 영어 선생으로서 외국에서 학생들을 가르쳐왔던 경험이 아니었다면, 언어 세 개를 가로지르는 이야기를 쓰기는 어려웠을 겁니다. 제가 서 있는 틈새를 제 몸으로 겪어내면서, 주위 사람들과 손잡고 이야기하며 썼습니다. 이렇게 틈새에 서야 보이는 것을 인식 특권(epistemic privilege; Sweet, 2020)이라고 부르기도 합니다.

외국어 두 개로 삶을 꾸려오면서 또 외국인으로 살아가면서, 아래의 두 문장 사이에 갇힌 느낌이었습니다. 오드리 로드의 "주인의 도구로는 결코 주인의 집을 부술 수 없다"(Lorde, 2019, p. 103)와 벨 훅스의 "우리는 억압자의 언어를 취한 후 그 반대로 만든다. 우리는 언어를 반(反) 지배적 말로 만들고, 언어 속에서 우리를 해방시킨다"(hooks, 1994, p. 175)라는 문장입니다. 외국어를 배우다 보면 종종 외국어가 "주인의 도구" 혹은 "억압자의 언어"처럼 느껴집니다. 영어를 못하면 죄인이 된 것 같고, 영어 원어민과 영어로 대화를 못 하면 잘못한 것 같은 기분이 들기도 합니다. 하지만 우리에게는 이 언어가 필요합니다. 주인의 도구이고 억압자의 언어로 느껴지더라도, 우리에게는 이 언어를 써서 이 언어의 원래 주인들이 보지 못했던 것을 볼 수 있는 힘이 있습니다. 이 언어의 원래 주인들이 쓰지 못했던 방식으로 언어를 전복시킬 수도 있고요. 이것이 비원어민의 특권입니다. 여러분이 한국어 원어민의 특권을 돌아보는 동시에, 타 언어 비원어민의 특권을 한껏 누렸으면 좋겠습니다.

이 글 모음이 외국어를 배우거나, 해외 생활을 꾸려가거나, 새로운 일을 시작하는 모든 분들께 위안과 응원이 되었으면 좋겠습니다. 특히 여러 집단의 틈새에 서 있거나, 외국어를 배우면서 원래 언어를 빼앗긴 기분으로 살아가고 있거나, 모국어와 모국을 뒤로 하고 새로운 집단의 소수자가 되어 살아가는 분들께 가닿기를 바랍니다. 새 언어를 배우는 건 새로운 세계를 만들어가고 이 세계에 참여하는 것이라고 생각합니다.

이 책이 나오기까지 저와 함께 경험을 빚어주신 모든 분들께 감사드립니다. 이 책을 읽는 모든 분들이 언어와 함께 의미 있는 경험을 쌓아가기를, 그 과정에서 이 책이 약간이나마 도움이 되기를 기원합니다.

Bergen, B. K., & Lau, T. T. C. (2012). Writing direction affects how people map space onto time. Frontiers in Psychology, 3(109), 1-5. https://doi.org/10.3389/fpsyg.2012.00109

Boroditsky, L. (2001). Does language shape thought?: Mandarin and English speakers' conceptions of time. Cognitive Psychology, 43(1), 1-22. https://doi.org/10.1006/cogp.2001.0748

Brontë, C. (1847). Jane Eyre. Penguin.

Canagarajah, S. (2011). Codemeshing in academic writing: Identifying teachable strategies of translanguaging. Modern Language Journal, 95(3), 401-417. https://doi.org/10.1111/j.1540-4781.2011.01207.x

Canagarajah, S. (2021). Materialising semiotic repertoires: challenges in the interactional analysis of multilingual communication. International Journal of Multilingualism, 18(2), 206-225. https://doi.org/10.1080/14790718.2021.1877293

Canale, M., & Swain, M. (1980). Theoretical bases of communicative approaches to second language teaching and testing. Applied Linguistics, 1(1), 1-47. https://doi.org/10.1093/applin/I.1.1

Chan, L. (2014). Effects of an imagery training strategy on Chinese university students' possible second language selves and learning experiences. In K. Csizér & M. Magid (Ed.), The Impact of Self-Concept on Language Learning (pp. 357-376). Multilingual Matters. https://doi.org/10.21832/9781783092383-020

Chen, M. K. (2013). The effect of language on economic behavior: Evidence from savings rates, health behaviors, and retirement assets. American Economic Review, 103(2), 690-731. https://doi.org/10.1039/AN9881301653

Chen, S. X., & Bond, M. H. (2010). Two languages, two personalities? Examining language effects on the expression of personality in a bilingual context. Personality and Social Psychology Bulletin, 36(11), 1514-1528. https://doi.org/10.1177/0146167210385360

Davies, M. (2008-) The Corpus of Contemporary American English (COCA). Available online at https://www.english-corpora.org/coca/.

Dörnyei, Z. (2009). The L2 Motivational self system. In Z. Dörnyei & E. Ushioda (Eds.), Motivation, language identity and the L2 self (pp. 9-42). Multilingual Matters. https://doi.org/9786611973452

EPIK. (n.d.). Eligibility. Retrieved January 21, 2022, from http://www.epik.go.kr/contents.do?contentsNo=48&menuNo=275

Firth, A. (1996). The discursive accomplishment of normality: On "lingua franca" English and conversation analysis. Journal of Pragmatics, 26(2), 237-259. https://doi.org/10.1016/0378-2166(96)00014-8

Gregersen, T., & Horwitz, E. K. (2002). Language learning and perfectionism: Anxious and non-anxious language learners' reactions to their own oral performance. The Modern Language Journal, 86(4), 562-570. https://doi.org/10.1111/1540-4781.00161

Heath, S. B. (1983). Ways with words: Language, life and work in communities and classrooms. Cambridge University Press.

Holborow, M. (2018). Language, commodification and labour: the relevance of Marx. Language Sciences, 70, 58-67. https://doi.org/10.1016/j.langsci.2018.02.002

hooks, b. (1994). Teaching to transgress: Education as the practice of freedom. Routledge.

Horwitz, E. (2001). Language anxiety and achievement. Annual Review of Applied Linguistics, 21, 112-126. https://doi.org/10.1017/s0267190501000071

Huang, B. H., Chang, Y.-H. S., Zhi, M., & Niu, L. (2018). The effect of input on bilingual adolescents' long-term language outcomes in a foreign language instruction context. International Journal of Bilingualism, 24(1), 8-25. https://doi.org/10.1177/1367006918768311

Infante, P. (2016). Mediated development: Promoting L2 conceptual development through interpsychological activity [unpublished doctoral dissertation]. The Pennsylvania State University.

Kim, M., & Cho, E. (2022). Lost in transition: A two-year collaborative autoethnography of South Korean doctoral students' development and identity negotiation [Manuscript in preparation]

Larsen-Freeman, D., & Celce-Murcia, M. (2015). The Grammar Book: Form,

Meaning, and Use for English Language Teachers (3rd ed.). Heinle & Heinle.

Lieberman, E., Michel, J. B., Jackson, J., Tang, T., & Nowak, M. A. (2007). Quantifying the evolutionary dynamics of language. Nature, 449, 713-716. https://doi.org/10.1038/nature06137

Long, M. H. (1990). Maturational constraints on language development. Studies in Second Language Acquisition, 12(3), 251-285. https://doi.org/10.1017/S0272263100009165

Lorente, B. P. (2018). Scripts of servitude: Language, labor migration and transnational domestic work. Multilingual Matters.

Lorde, A. (2019). Sister outsider. Penguin Classics.

McCusker, C., & Cohen, R. (2021). Tower of babble: Nonnative speakers navigate the world of "good" and "bad" English. NPR. https://www.npr.org/sections/goatsandsoda/2021/04/25/989765565/tower-of-babble-non-native-speakers-navigate-the-world-of-good-and-bad-english

McNeill, D. (2005). Gesture and thought. University of Chicago Press.

Newman, F., & Holzman, L. (2014). Lev Vygotsky: Revolutionary Scientist. Psychology Press.

Ortega, L. (2019). SLA and the Study of Equitable Multilingualism. Modern Language Journal, 103, 23-38. https://doi.org/10.1111/modl.12525

Oxford English Dictionary. (n.d.). Context. In Oxford English Dictionary. Retrieved January 21, 2022, from www.oed.com/view/Entry/40207

Oxford English Dictionary. (n.d.). Queer. In Oxford English Dictionary. Retrieved January 21, 2022, from www.oed.com/view/Entry/156235

Papi, M. (2010). The L2 motivational self system, L2 anxiety, and motivated behavior: A structural equation modeling approach. System, 38(3), 467-479. https://doi.org/10.1016/j.system.2010.06.011Get

Pfenninger, S. E., & Singleton, D. (2016). Affect trumps age: A person-in-context relational view of age and motivation in SLA. Second Language Research, 32(3), 311-345.

Schmidt, R. W., & Frota, S. N. (1986). Developing basic conversational ability in a second language: A case study of an adult learner of Portuguese. In R. R. Day (Ed.), Talking to learn: Conversation in second language acquisition (pp. 237-319). Newbury House.

Selinker, L. (1972). Interlanguage. International Review of Applied Linguistics, 10, 209-231.

Sweet, P. L. (2020). Who knows? Reflexivity in feminist standpoint theory and Bourdieu. Gender and Society, 34(6), 922-950. https://doi.org/10.1177/0891243220966600

TaLK. (n.d.). Eligibility. Retrieved January 21, 2022, from http://www.talk.go.kr/talk/talk_new/content/content.jsp?menuId=010301&site=eng

U.S. Equal Employment Opportunity Commission. (2016). EEOC enforcement guidance on national origin discrimination. eeoc.gov/laws/guidance/eeoc-enforcement-guidance-national-origin-discrimination#_Toc451518825

Vlaeva, D., & Dörnyei, Z. (2021). Vision enhancement and language learning: A critical analysis of vision-building in an English for Academic Purposes programme. Language Teaching Research, 25(6), 946-971.

https://doi.org/10.1177/13621688211014551

Vygotsky, L. S. (1987). The collected works of L. S. Vygotsky, Vol. 1. Problems of general psychology. (R. W. Rieber & A. S. Carton, Eds.). Plenum.

강범모. (2011). 의미론에서 "의미"와 관련된 용어들의 개념과 번역어. 언어와 정보, 15(1), 79-92.

교육인적자원부. (2006). 다문화가정 자녀 교육지원 대책. https://www.moe.go.kr/boardCnts/view.do?boardID=316&lev=0&statusYN=W&s=moe&m=0302&opType=N&boardSeq=76066

리얼클래스. (2019, March 7). '취미가 뭐에요?' 영어로? [video]. YouTube. https://www.youtube.com/watch?v=uoxSXqF2JAA

여성가족부. (2005) 여성 결혼이민자를 위한 한국어교재(초급). 여성가족부 정책팀.

윤선생. (2015, January 7). 2015년 윤선생 CF- 레스토랑편 20초 [video]. YouTube. https://www.youtube.com/watch?v=KMLX3JhM-zc

언어가 삶이 될 때

ⓒ 김미소, 2022

초판 1쇄 발행	2022년 3월 30일
초판 3쇄 발행	2023년 5월 15일

지은이	김미소
펴낸이	이상훈
인문사회팀	최진우 김경훈
마케팅	김한성 조재성 박신영 김효진 김애린 오민정

펴낸곳	(주)한겨레엔 www.hanibook.co.kr
등록	2006년 1월 4일 제313-2006-00003호
주소	서울시 마포구 창전로 70(신수동) 화수목빌딩 5층
전화	02) 6383-1602~3 **팩스** 02) 6383-1610
대표메일	book@hanien.co.kr

ISBN 979-11-6040-790-7 03700